财务会计

职业教育商贸、财经专业教学用书

习题集（第六版）

主　编　陈志红

华东师范大学出版社
·上海·

图书在版编目(CIP)数据

财务会计:习题集/陈志红主编. —6版. —上海:华东师范大学出版社,2018
 ISBN 978-7-5675-7685-8

Ⅰ.①财… Ⅱ.①陈… Ⅲ.①财务会计-职业教育-习题集 Ⅳ.①F234.4-44

中国版本图书馆CIP数据核字(2018)第073842号

财务会计
习题集(第六版)

职业教育商贸、财经专业教学用书

主　　编　陈志红
责任编辑　何　晶
装帧设计　蒋　克

出版发行　华东师范大学出版社
社　　址　上海市中山北路3663号　邮编 200062
网　　址　www.ecnupress.com.cn
电　　话　021-60821666　行政传真 021-62572105
客服电话　021-62865537　门市(邮购)电话 021-62869887
地　　址　上海市中山北路3663号华东师范大学校内先锋路口
网　　店　http://hdsdcbs.tmall.com

印 刷 者　上海华顿书刊印刷有限公司
开　　本　787毫米×1092毫米　1/16
印　　张　6.75
字　　数　156千字
版　　次　2018年6月第6版
印　　次　2024年9月第7次
书　　号　ISBN 978-7-5675-7685-8
定　　价　18.00元

出版人　王　焰

(如发现本版图书有印订质量问题,请寄回本社客服中心调换或电话021-62865537联系)

前　　言（第六版）

QIANYAN

　　本书是《财务会计（第六版）》的配套习题集，按会计岗位所应具备的基本知识、基本技能及基本要求，并结合当前职业教育财会专业学生的基础编写。

　　本书第六版以《**企业会计准则（2006）**》、《**小企业会计准则（2013）**》、《**财政部国家税务总局关于调整增值税税率的通知**》（**财政[2018]32号**）等为依据，作了必要的修改和补充，增加了相应的习题，帮助学生及时掌握最新会计技能。

　　本书各章均由四部分组成，具体是：(1)重点难点与学习建议，旨在帮助学生明确本章学习重点和难点，并对学生的学习方法作简要指导；(2)关键概念，旨在重点列示本章应明确的关键概念；(3)练习，根据各节教学内容设计了相应的基础练习，题型一般为单项选择题、多项选择题、判断题和计算分析题等；(4)本章综合练习，根据各章教学内容设计了相应的综合练习，题型一般为思考题、单项选择题、多项选择题、判断题和计算分析题等，可作为老师命题的参考。

　　本书共十二章，第一至七章、第九至十二章由陈志红编写，第八章由王莉萍编写。全书由陈志红主编，并负责改版修订和定稿。

　　本书在编写过程中吸收了一些专家和学者的研究成果，在此一并表示感谢。

　　由于时间和水平所限，本书难免有疏漏和不当之处，敬请读者批评指正。

编　者

2018年6月

目 录

MULU

第一章 总 论 ... 1
重点难点与学习建议 ... 1
关键概念 ... 1
练习 ... 1
本章综合练习 ... 4

第二章 货币资金 ... 6
重点难点与学习建议 ... 6
关键概念 ... 6
练习 ... 6
本章综合练习 ... 12

第三章 应收及预付款项 ... 17
重点难点与学习建议 ... 17
关键概念 ... 17
练习 ... 17
本章综合练习 ... 21

第四章 存 货 ... 25
重点难点与学习建议 ... 25
关键概念 ... 25
练习 ... 25
本章综合练习 ... 29

第五章 交易性金融资产与长期股权投资 ... 34
重点难点与学习建议 ... 34
关键概念 ... 34
练习 ... 34
本章综合练习 ... 36

目 录

MULU

第六章 固定资产 ... 39
重点难点与学习建议 ... 39
关键概念 ... 39
练习 ... 39
本章综合练习 ... 43

第七章 无形资产及其他资产 ... 48
重点难点与学习建议 ... 48
关键概念 ... 48
练习 ... 48
本章综合练习 ... 50

第八章 流动负债 ... 52
重点难点与学习建议 ... 52
关键概念 ... 52
练习 ... 52
本章综合练习 ... 61

第九章 非流动负债 ... 65
重点难点与学习建议 ... 65
关键概念 ... 65
练习 ... 65
本章综合练习 ... 68

第十章 所有者权益 ... 71
重点难点与学习建议 ... 71
关键概念 ... 71
练习 ... 71
本章综合练习 ... 77

目 录

MULU

第十一章　收入、费用和利润　　81
  重点难点与学习建议 …………………………………… 81
  关键概念 ………………………………………………… 81
  练习 ……………………………………………………… 81
  本章综合练习 …………………………………………… 85

第十二章　财务会计报告　　89
  重点难点与学习建议 …………………………………… 89
  关键概念 ………………………………………………… 89
  练习 ……………………………………………………… 89
  本章综合练习 …………………………………………… 94

第一章 总 论

重点难点与学习建议

◆ 本章重点是会计要素、会计等式、会计核算基本前提和会计信息质量要求。建议记背要点。
◆ 本章难点是会计核算基本前提及会计信息质量要求。建议多阅读理解,把握其中内涵。

关键概念

财务会计、资产、负债、所有者权益、收入、费用、利润、会计主体、持续经营、会计分期、货币计量、可靠性、可比性、可理解性、相关性、实质重于形式、谨慎性、及时性、重要性。

练 习

练习 1-1

一、单项选择题

（　　）现代会计的两大分支是_____。
　　A．财务会计和成本会计　　　　B．成本会计和管理会计
　　C．责任会计和财务会计　　　　D．财务会计和管理会计

二、判断题

（　　）1．现代会计的两大分支是财务会计和成本会计。
（　　）2．管理会计工作有一套既定的会计程序。
（　　）3．会计是经济管理的重要组成部分。

练习 1-2

一、单项选择题

（　　）1．所有者权益金额等于_____的余额。
　　　A．全部资产减去全部所有者权益　　B．企业的新增利润
　　　C．全部资产减去全部负债　　　　　D．全部资产减去流动负债
（　　）2．负债是指过去的交易或事项形成的现时义务,履行该义务预期会导致

_____流出企业。
      A．资产   B．经济利益   C．货币资金   D．所有者权益
  （ ）3. 以下选项中不属于会计要素的是_____。
      A．资产   B．利润   C．所有者权益   D．成本
  （ ）4. 短期借款是企业的_____。
      A．流动资产   B．流动负债   C．所有者权益   D．非流动负债
  （ ）5. 我国《企业会计准则》将_____分为资产、负债、所有者权益、收入、费用和利润等六项。
      A．会计科目   B．会计账户   C．会计要素   D．会计业务
  （ ）6. 以下各项属于所有者权益的是_____。
      A．短期借款   B．实收资本   C．长期借款   D．预收账款
  （ ）7. 反映企业某一时点财务状况的会计要素是_____。
      A．资产、负债和所有者权益   B．收入、费用和所有者权益
      C．资产、负债和利润   D．收入、费用和利润
  （ ）8. 反映企业经营成果的会计要素一般不包括_____。
      A．收入   B．费用   C．负债   D．利润

二、多项选择题

  （ ）1. 以下属于负债特征的选项是_____。
      A．负债对资产的要求权置后于所有者权益
      B．负债是企业承担的现时义务
      C．负债必须加以偿还
      D．履行负债义务会导致经济利益流出企业
  （ ）2. 以下各项不属于资产的是_____。
      A．主营业务收入   B．实收资本
      C．盈余公积   D．固定资产
  （ ）3. 以下各项不属于所有者权益的是_____。
      A．长期借款   B．无形资产
      C．营业外收入   D．资本公积

三、判断题

  （ ）1. 会计要素是会计报表的基本构件。
  （ ）2. 资产预期会给企业带来经济利益。
  （ ）3. 收入要素的内容包括为第三方或客户代收的款项。
  （ ）4. 营业外收入属于收入要素所规范的内容。
  （ ）5. 在任何情况下，收入－费用＝利润。
  （ ）6. "资产＝负债＋所有者权益"是编制资产负债表的理论依据。
  （ ）7. 资产必须是企业拥有的经济资源。
  （ ）8. 费用要素的内容包括营业外支出。

练习 1-3

一、单项选择题

（　　）1. 会计核算的前提假设除了有会计主体、持续经营、会计分期以外还有_____。
  A．实际成本 B．配比原则 C．货币计量 D．会计准则

（　　）2. 以下内容中属于会计信息质量要求的是_____。
  A．实质重于形式 B．货币计量 C．会计主体 D．复式记账

（　　）3. 权责发生制就是_____。
  A．收付实现制 B．实地盘存制 C．应收应付制 D．永续盘存制

（　　）4. 会计主体是指_____。
  A．企业的投资人 B．企业的债权人
  C．会计所服务的特定单位 D．会计对象

（　　）5. 我国的会计年度采用_____年度。
  A．农历 B．日历 C．营业 D．阴历

（　　）6. 我国的会计核算以_____为记账本位币。
  A．货币 B．人民币 C．美元 D．外币

（　　）7. 强调不同企业会计信息横向可比的会计信息质量要求是_____。
  A．可比性 B．相关性 C．重要性 D．及时性

（　　）8. 会计信息质量要求中，要求前后期间提供相互可比的会计信息的要求是_____。
  A．可比性 B．相关性 C．重要性 D．及时性

（　　）9. 我国企业会计准则规定，企业的会计核算应当以_____为基础。
  A．权责发生制 B．实地盘存制 C．永续盘存制 D．收付实现制

二、多项选择题

（　　）1. 以下各项属于我国会计核算的前提假设是_____。
  A．持续经营 B．会计主体 C．货币计量 D．会计分期

（　　）2. 可靠性要求做到_____。
  A．内容完整 B．数字准确
  C．资料可靠 D．账户对应关系清楚

（　　）3. 相关性要求企业所提供的会计信息_____。
  A．满足企业内部加强经营管理的需要
  B．满足国家宏观经济管理的需要
  C．满足有关各方了解企业财务状况和经营成果的需要
  D．满足提高企业职工素质的需要

三、判断题

（　　）1. 我国会计假设包括会计主体、自主经营、会计期间和货币计量四项。

( ) 2. 以外币收支业务为主的企业可以用外币记账、编制会计报表。
( ) 3. 会计核算必须以经济实质为依据,这是可靠性的要求。
( ) 4. 会计核算要以实际发生的经济业务为依据,这体现了相关性的要求。
( ) 5. 存货计价方法一经选用,不得随意改变,这体现了谨慎性的要求。
( ) 6. 可比性是指企业会计处理方法前后各期应当一致,不得变更。

练习 1-4

一、多项选择题

( ) 1. 下列各项不属于会计法规的是_____。
   A. 审计准则   B. 会计行政法规
   C. 会计法律   D. 公司法
( ) 2. 目前我国会计法规体系主要由_____组成。
   A. 会计法律   B. 会计行政法规
   C. 国家统一的会计制度 D. 经济法

二、判断题

( ) 1. 投资准则属于基本会计准则。
( ) 2. 会计法是会计工作的根本大法。

本章综合练习

一、思考题

1. 简述会计的发展。(可借助上网查找资料来完成)

2. 结合现有经验举出 3 个资产实例、3 个负债实例和 3 个所有者权益实例。

二、单项选择题

（　）1. 下列各项符合资产定义的是_____。
  A．计划购买的设备　　　　　　B．应还未还的贷款
  C．现有的办公设备　　　　　　D．经营租入的设备
（　）2. 企业将劳动资料划分为固定资产和低值易耗品是基于_____要求。
  A．重要性　　　B．可比性　　　C．谨慎性　　　D．及时性
（　）3. 下列各项不属于我国会计信息质量要求的是_____。
  A．持续经营　　B．可靠性　　　C．相关性　　　D．可理解性
（　）4. 反映企业某一时点财务状况的会计要素是_____。
  A．资产、负债和所有者权益　　　B．收入、费用和所有者权益
  C．资产、负债和利润　　　　　　D．收入、费用和利润

三、多项选择题

（　）1. 下列各项属于资产基本特征的有_____。
  A．资产是由过去的交易或事项所引起的
  B．资产必须是投资者投入或向债权人借入的
  C．资产是企业拥有或控制的
  D．资产预期能够给企业带来经济利益
（　）2. 下列各项可以反映企业在一定时期内经营成果的会计要素是_____。
  A．资产　　　　B．负债　　　　C．收入　　　　D．费用

四、判断题

（　）1. 营业外收入属于会计收入要素的内容之一。
（　）2. 我国会计核算中采用人民币作为记账本位币。
（　）3. 我国企业会计核算一律采用权责发生制。
（　）4. 我国会计期间的划分采用日历制。

第二章　货币资金

重点难点与学习建议

◆ 本章重点是库存现金、银行存款的管理和核算。库存现金和银行存款收付的业务流程是出纳人员的工作依据。建议认真听课，积极思考，勤动手，学会会计凭证填制和日记账的登记。

◆ 本章难点是现金管理规定、现金清查核算、各种银行转账结算方式、银行存款余额调节表的编制和其他货币资金的核算。建议多阅读理解，并结合随堂练习，把握其中要点。

关键概念

库存现金、现金日记账、银行存款、银行存款日记账、支票、银行本票、银行汇票、商业汇票(商业承兑汇票、银行承兑汇票)、汇兑、信用卡、委托收款、托收承付、其他货币资金、未达账、银行存款余额调节表、"库存现金"账户、"银行存款"账户、"其他货币资金"账户、"待处理财产损溢"账户。

练　习

练习 2-1

一、单项选择题

(　　) 1. 库存现金限额原则要求一般根据企业＿＿＿＿天的日常零星现金开支的需要量来确定。
　　A. 5　　　　B. 15　　　　C. 3～5　　　　D. 5～15

(　　) 2. 根据《现金管理暂行条例》规定，下列经济业务中，不能用现金支付的是＿＿＿＿。
　　A. 支付职工奖金 5 000 元　　　　B. 支付零星办公用品购置费 800 元
　　C. 支付物资采购货款 1 200 元　　D. 支付职工差旅费 2 000 元

(　　) 3. 企业在经营活动中发生的现金收入，不及时送存银行，直接用于支付自己的支出，这种行为称为＿＿＿＿。
　　A. "白条抵库"　　B. "公款私存"　　C. "小金库"　　D. "坐支"

(　　) 4. 我国企业会计实务中"现金"一般指＿＿＿＿。
　　A. 库存现金和银行存款　　　　B. 库存现金
　　C. 库存现金和有价证券　　　　D. 库存现金、银行存款和有价证券

(　　) 5. 企业在现金清查中发现的短缺,待处理财产损溢经批准转账时,由责任人负担的部分应借记_____账户。
  A．应收账款 B．其他应收款 C．应付账款 D．其他应付款

(　　) 6. 企业在现金清查中发现的确实无法查明原因的溢余,经批准转账时,应贷记_____账户。
  A．其他业务收入 B．资本公积 C．盈余公积 D．营业外收入

(　　) 7. 企业盘盈现金时,审批处理前应贷记_____账户。
  A．其他应付款   B．银行存款
  C．库存现金   D．待处理财产损溢

(　　) 8. 现金日记账平时月末结账时的画线标志是_____。
  A．本月合计行的上下各画一单红直线
  B．本月合计行的上下各画一双红直线
  C．本月合计行的上方画一单红直线,下方画一双红直线
  D．本月合计行的上方不画线,下方画单红直线

(　　) 9. 库存现金超出限额,银行将按超出金额的_____处以罚款。
  A．5%～10% B．10%～20% C．10%～30% D．20%～30%

(　　) 10. 谎报用途套取现金,银行将按套取金额的_____处以罚款。
  A．5%～10% B．10%～20% C．10%～30% D．30%～50%

二、多项选择题

(　　) 1. 企业发生的下列支出中,按规定可以用现金支付的有_____。
  A．支付职工王亮差旅费2 000元
  B．支付购置办公电脑一台款项8 500元
  C．支付临时工工资1 000元
  D．职工赵明报销医药费1 800元
  E．支付办公用品购买费80元

(　　) 2. 按照《现金管理暂行条例》规定,开户单位可使用现金的事项有_____。
  A．个人劳务报酬   B．购置设备材料
  C．向农民个人或农场收购农副产品 D．各种劳保福利费用
  E．出差人员差旅费

(　　) 3. 现金内部控制制度的基本内容包括_____。
  A．合理分工,明确职责
  B．建立现金收付款的内部控制程序,严格审签制度
  C．及时清查核对账目
  D．加强原始凭证的保管

三、判断题

(　　) 1. 一般情况下,企业发生的少量零星现金支出可从本单位的业务收入中直接支付。

(　　) 2. 企业向某批发企业购入农副产品 2 000 元,可以用现金支付。
(　　) 3. 企业购入机器设备 5 万元,可以用现金结算,也可以用银行转账结算。
(　　) 4. 企业可以用现金支付出差人员随身携带的差旅费。
(　　) 5. 我国企业会计实务中的现金是指库存现金、银行存款和其他货币资金。
(　　) 6. 企业如发生现金溢余,在原因查明前应贷记"待处理财产损溢"账户。
(　　) 7. 现金日记账登记有误可以用修正液涂改,但不能挖补。
(　　) 8. 现金日记账一般采用活页式账簿。
(　　) 9. 库存现金是企业流动性最强的资产。

练习 2-2

一、单项选择题

(　　) 1. 根据银行有关规定,企业工资、奖金等现金的支取,只能通过_____办理。
　　A．基本存款账户　　　　　　B．一般存款账户
　　C．临时存款账户　　　　　　D．专用存款账户

(　　) 2. 支票的提示付款期为_____。
　　A．自出票日起 1 个月　　　　B．自出票日起 10 天
　　C．自到期日起 10 天　　　　 D．自出票日起 2 个月

(　　) 3. 下列结算方式中,只能用于同城结算的选项是_____。
　　A．委托收款　　B．银行汇票　　C．银行本票　　D．托收承付

(　　) 4. 银行本票的提示付款期限为_____。
　　A．半个月　　　B．1 个月　　　C．2 个月　　　D．6 个月

(　　) 5. 商业汇票按照_____的不同,可分为商业承兑汇票和银行承兑汇票。
　　A．付款人　　　B．收款人　　　C．承兑人　　　D．票据持有人

(　　) 6. 同城和异地均能采用的票据有_____。
　　A．银行汇票　　B．银行本票　　C．托收承付　　D．商业汇票

(　　) 7. 目前我国商业汇票的付款期由交易双方商定,但是最长不能超过_____。
　　A．2 个月　　　B．4 个月　　　C．5 个月　　　D．6 个月

(　　) 8. 银行已入账而企业未入账的未达账项,企业应当_____入账。
　　A．按银行对账单　　　　　　B．按银行存款余额调节表
　　C．待有关结算凭证到达后　　D．按自制原始凭证

二、多项选择题

(　　) 1. 企业发生的下列支出中,按规定必须用银行存款转账结算的有_____。
　　A．支付职工王亮差旅费 2 000 元
　　B．支付购置办公电脑一台,款项 8 500 元
　　C．支付临时工工资 1 000 元
　　D．职工赵明报销医药费 1 800 元
　　E．支付办公用品购买费 8 000 元

(　　) 2. 在_____情况下,企业银行存款日记账余额会小于银行对账单余额。
　　　A．企业开出支票,对方未到银行提示兑现
　　　B．银行误将其他公司的存款计入本企业银行存款户
　　　C．银行代扣水电费,企业尚未接到通知
　　　D．银行收到委托收款的结算款项,企业尚未收到通知

(　　) 3. 下列选项属于未达账项的有_____。
　　　A．企业已开出但银行尚未兑现的支票
　　　B．银行收到委托收款的款项但尚未通知企业
　　　C．银行划转支付电话费但尚未将付款通知单送达企业
　　　D．企业送存支票但银行尚未办理入账

三、判断题

(　　) 1. 企业购入机器设备5万元,可以用现金结算,也可以用银行转账结算。
(　　) 2. 企业工资、奖金等现金的支取,只能通过基本存款账户办理。
(　　) 3. 企业开设的一般存款账户不能支取现金。
(　　) 4. 票据和结算凭证的收款人名称书写错误可以更正。
(　　) 5. 具有信誉度高、支付能力强并有代替现金使用功能特点的票据是银行本票。
(　　) 6. 同城或异地的商品交易、劳务供应均可采用银行本票或银行汇票结算方式。
(　　) 7. 支票左上角画线的普通支票只能用于转账。

四、计算分析题

1. 银行存款的核算和银行存款日记账的登记。
某企业为一般纳税人,2018年6月发生如下经济业务:
(1) 3日,向外地A公司电汇6 000元,结清前欠货款;
(2) 6日,签发支票一张1 000元提取现金备用;
(3) 9日,销售产品一批,收到支票一张46 400元,开出增值税专用发票,其中销售收入40 000元,增值税额6 400元;
(4) 15日,收到开户银行转来的委托收款通知单,向购货单位B公司收取的货款58 000元,已收妥入账;
(5) 25日,从银行提取现金300 000元备发工资。
要求:
(1) 按业务发生的先后顺序编制相关的会计分录;

会计分录用纸(代记账凭证)

日期	凭证号数	摘要	会计科目及子细目	过账	借方金额	贷方金额

(续表)

日期	凭证号数	摘要	会计科目及子细目	过账	借方金额	贷方金额

（2）假设银行存款日记账账页的相关资料如下表，按(1)所编的会计分录登记银行存款日记账并进行月度结账。

银行存款日记账　　　　　　　　　　　　　　　　　　　第 32 页

2018年		凭证号数	摘要	结算凭证		对应科目	收入	支出	结余
月	日			种类	号数				
5	30		承前页				略	略	略
	31	略	略	略	略	略	略	略	450 000
	31		本月合计				500 000	100 000	450 000

2. 某企业 2018 年 5 月 30 日银行存款的账面余额为 42 200 元,开户银行送来对账单上的余额为 41 800 元,将企业的银行存款日记账与银行对账单查对后,发现未达账项如下:

(1) 委托银行收款 3 000 元,银行已收入企业存款账户,收款通知尚未送达企业;
(2) 企业开出现金支票一张 800 元,企业已计入银行存款日记账,但银行尚未记账;
(3) 银行为企业支付电费 1 700 元,银行已入账,企业尚未入账;
(4) 企业收到外单位转账支票一张 2 500 元,企业已计入日记账,银行尚未记账。

要求:

根据上述资料填制下列银行存款余额调节表。

银行存款余额调节表

年　　月　　日

项　目	金额	项　目	金额
企业银行存款日记账余额		银行对账单余额	
加:银行已收单位未收款项:		加:单位已收银行未收款项:	
减:银行已付单位未付款项:		减:单位已付银行未付款项:	
调节后存款余额		调节后存款余额	

练习 2-3

一、单项选择题

(　　) 1. 下列不属于"其他货币资金"科目核算的选项是_____。
　　A. 信用卡存款　　　　　　　B. 银行汇票存款
　　C. 银行本票存款　　　　　　D. 银行承兑汇票

(　　) 2. 企业的银行汇票存款,应通过_____科目进行核算。
　　A. 银行存款　　B. 其他货币资金　　C. 库存现金　　D. 财务费用

(　　) 3. 企业接到信用卡存款的利息通知,应借记_____科目。
　　A. 银行存款　　　　　　　　B. 其他货币资金
　　C. 财务费用　　　　　　　　D. 其他业务收入

(　　) 4. 企业汇往异地银行开设的临时采购专户的存款,应借记_____科目进行核算。
　　A. 银行存款　　　　　　　　B. 其他货币资金
　　C. 库存现金　　　　　　　　D. 财务费用

二、多项选择题

(　　) 1. 以下各项应作为"其他货币资金"核算的是_____。
　　A. 银行本票　　B. 商业汇票　　C. 银行汇票

D. 信用卡　　　　E. 支票

（　　）2. 企业用已申请获得的银行汇票进行材料采购,在根据购货增值税发票编制会计分录时,可能涉及的科目是_____。

A. 银行存款　　　　　　　　B. 其他货币资金
C. 应交税费——应交增值税　　D. 材料采购

三、判断题

（　　）1. 信用卡存款和信用证存款,两者是一回事。
（　　）2. 企业存放在银行的银行本票存款,通过"银行存款"账户进行核算。
（　　）3. 收到银行汇票必须办理全额结算,如有多余款,可用现金或支票退回。

本章综合练习

一、思考题

简述信用卡的发展历史。（可通过图书馆、上网查找资料来完成）

二、计算分析题

1. 东风厂20××年2月28日现金日记账余额为492元,该厂3月份发生的有关现金收付款业务如下：

(1) 3月2日从银行提取现金500元；
(2) 3月8日以现金160元支付产品的销售运费；
(3) 3月12日采购员黄明预借差旅费300元,财务科以现金付讫；
(4) 3月15日收到职工王玉交来赔偿费现金20元；
(5) 3月24日从银行提取现金600元；
(6) 3月26日出租包装物收到押金现金750元；
(7) 3月26日将750元存入银行；
(8) 3月28日厂长李明出差暂借差旅费600元,财务科以现金支付。

要求：
(1) 根据所列的经济业务编制会计分录；

会计分录用纸(代记账凭证)

日期	凭证号数	摘要	会计科目及子细目	过账	借方金额	贷方金额

(2)登记现金日记账。(凭证编号暂略)

现金日记账

20××年		凭证号数	摘要	对方科目	收入	支出	结余
月	日						
2	27		承前页		3 220	2 478	842
	28	略	购零星办公用品	管理费用		350	492
	28		本月合计		3 220	2 828	492

(续表)

20××年		凭证号数	摘要	对方科目	收入	支出	结余
月	日						

2. A企业为一般纳税人,20××年8月份发生了以下经济业务,要求编制有关会计分录。

(1) 1日车间技术员王红暂借差旅费1 000元,财务科以现金支付;

(2) 2日购买零星办公用品450元,财务科以转账支票支付;

(3) 3日以银行存款40 000元,申请银行汇票,银行受理后收到同等数额的银行汇票一张;

(4) 4日以上述银行汇票购入原材料一批,买价30 000元,增值税4 800元,原材料已到,按实际成本核算,并以实际结算金额结算,多余款尚未退回;

(5) 5日接银行通知,银行汇票多余款4 900元已退回,存入银行;

(6) 7日销售商品一批,开出增值税专用发票,发票上注明货款50 000元,增值税额8 000元,价税合计58 000元,收到为期4个月的不带息商业承兑汇票一张;

(7) 10日销售商品一批,开出增值税专用发票,发票上注明货款40 000元,增值税额6 400元,价税合计46 400元,收到面额为50 000元的银行汇票一张,当即按实际销售金额结算,并存入银行;

(8) 11日以银行存款40 000元申请办理信用卡一张,办理时以现金100元支付相关手续费;

(9) 12日通过电汇方式汇出25 000元在外地银行开设采购专户;

(10) 15日以上述采购专户的存款购入原材料一批,货款20 000元,增值税3 200元,现材料已到,按实际成本结转入库,多余款尚未退回;

(11) 16日接银行通知,采购专户的多余款1 800元已退回,存入银行。

会计分录用纸(代记账凭证)

日期	凭证号数	摘要	会计科目及子细目	过账	借方金额	贷方金额

(续表)

日期	凭证号数	摘要	会计科目及子细目	过账	借方金额	贷方金额

3. 已知 B 公司 20××年 2 月 24～28 日银行存款日记账及银行对账单的资料如下所示：

银行存款日记账

20××年		凭证号数	摘要	借方	贷方	借或贷	余额
月	日						
2	24	略	承上页			借	65 000
	24	略	支付购货款转支♯23456		30 000	借	35 000
	25	略	收到销货款	100 000		借	135 000
	26	略	提取现金现支♯23344		800	借	134 200
	27	略	支付水电费(委托付款)		2 500	借	131 700
	27	略	垫付运杂费转支♯52534		500	借	131 200
	28	略	现金存入银行	3 000		借	134 200

银行对账单

20××年		凭证号数	摘要	借方	贷方	借或贷	余额
月	日						
2	24	略	承上页			贷	65 000
	24	略	委托收款(收到销货款)		100 000	贷	165 000
	26	略	提取现金现支♯23344	800		贷	164 200
	28	略	支付水电费(委托付款)	2 500		贷	161 700
	28	略	短期借款计息	3 400		贷	158 300
	28	略	现金存入银行		3 000	贷	161 300

假设企业和银行双方均无错账和漏账。

要求：

(1) 将银行存款日记账与银行对账单进行逐笔核对，找出未达账项；

(2) 编制银行存款余额调节表，明确B公司银行存款实有数。

银行存款余额调节表

年　　月　　日

项目	金额	项目	金额
企业银行存款日记账余额		银行对账单余额	
加：银行已收单位未收款项：		加：单位已收银行未收款项：	
减：银行已付单位未付款项：		减：单位已付银行未付款项：	
调节后存款余额		调节后存款余额	

第三章 应收及预付款项

重点难点与学习建议

◆ 本章重点是应收票据、应收账款、预付账款和其他应收款的内容及核算。建议仔细阅读与听讲,认真练习,掌握应收票据取得、计息、到期等环节的核算,掌握现金折扣与商业折扣的区别,掌握带有折扣的应收账款的入账方法。掌握预付账款的性质,掌握其他应收款的主要内容及备用金的核算。

◆ 本章的难点是带息应收票据的核算和坏账损失的核算。建议通过带息应收票据核算与不带息应收票据核算的对比,掌握带息应收票据的核算;通过了解坏账损失产生原因,理解坏账损失的核算。

关键概念

应收票据、商业折扣、现金折扣、应收账款、预付账款、其他应收款、备用金、坏账、坏账损失、备抵法、应收款项余额百分比法、账龄分析法、"坏账准备"账户、"资产减值损失"账户。

练 习

练习 3-1

一、单项选择题

( ) 1. "应收票据"科目应按_____作为入账金额。
  A. 票据到期值   B. 票面金额
  C. 票面金额加上应计利息   D. 票据贴现值

( ) 2. 商业承兑汇票到期付款方无法付款,应将"应收票据"的账面余额转入_____账户。
  A. 应收账款   B. 其他应收款   C. 预付账款   D. 预收账款

( ) 3. 带息应收票据期末计息时,应借记_____科目。
  A. 应收账款   B. 财务费用   C. 其他应收款   D. 应收票据

( ) 4. 某应收票据出票日为5月1日,面值为100 000元,票面年利率为4%,双方约定有效期108天,则应收票据到期时到期值是_____元。
  A. 101 000   B. 101 200   C. 102 000   D. 104 000

( ) 5. 某应收票据出票日为3月14日,票据面值为100 000元,票面年利率为4%,

双方约定有效期为6个月,则6月30日期末计息时应计利息是_____元。

　　A．1 000　　　　B．1 200　　　　C．2 000　　　　D．4 000

二、多项选择题

(　　) 1. 下列各种票据,应通过"应收票据"科目核算的是_____。
　　A．银行汇票　　　　　　　　B．银行本票
　　C．商业承兑汇票　　　　　　D．银行承兑汇票

(　　) 2. 期末计提应收票据利息时,可能涉及的账户是_____。
　　A．应收票据　　　　　　　　B．应收账款
　　C．财务费用　　　　　　　　D．应付利息

三、判断题

(　　) 1. 按我国现行《企业会计准则》的规定,企业收到的带息应收票据应按票据到期值入账,收到不带息的应收票据按票面值入账。

(　　) 2. 期末企业计提应收票据利息时,企业应借记"其他应收款"科目,贷记"财务费用"科目。

(　　) 3. 按我国现行《企业会计准则》的规定,带息应收票据到期末计提的利息不再计提。

练习3-2

一、单项选择题

(　　) 1. 企业为了尽早收回销售款而给予购货单位价格上的减让属于_____。
　　A．现金折扣　　　　　　　　B．商业折扣
　　C．销售退回　　　　　　　　D．销售折让

(　　) 2. 甲公司为增值税一般纳税人,4月1日向乙公司销售A商品一批。按价目表价格计算,总价30 000元,增值税税率为16%。现甲公司同意给乙公司5%的商业折扣,则甲公司销售实现时,应收账款的入账价值是_____元。
　　A．28 500　　　　B．33 060　　　　C．33 300　　　　D．34 800

(　　) 3. 甲公司为增值税一般纳税人,4月1日向乙公司销售A商品一批。按价目表价格计算,总价30 000元,增值税税率为16%。现甲公司同意给乙公司现金折扣,条件为(2/10,1/20,n/30),则甲公司4月1日销售实现时,应收账款的入账价值是_____元。
　　A．28 500　　　　B．33 345　　　　C．33 300　　　　D．34 800

(　　) 4. 上述题3中,假设现金折扣不考虑增值税,甲公司4月15日收到乙公司货款,则收到金额是_____元。
　　A．34 200　　　　B．34 749　　　　C．34 500　　　　D．34 800

二、多项选择题

(　　) 按现行《企业会计准则》的规定,下列各项可记入"应收账款"科目核算的是

_____。
A．销售商品应纳的销项税额
B．应收票据无法收回时转入的款项
C．商业折扣
D．销售商品的代垫运杂费

三、判断题

（　　）1. 按我国现行《企业会计准则》的规定，销售企业给予购货方的现金折扣应记入"财务费用"科目。

（　　）2. 按我国现行《企业会计准则》的规定，销售企业给予购货方的商业折扣应记入"财务费用"科目。

（　　）3. 企业销售商品涉及现金折扣时，企业应按不扣除现金折扣的金额确定应收账款的入账价值。

练习3-3

一、单项选择题

（　　）按现行《企业会计准则》的规定，企业预付货款不多可不设置"预付账款"科目，而用_____科目来替代。
A．应收账款　　B．预收账款　　C．应付账款　　D．其他应收款

二、多项选择题

（　　）企业预付货款时，可能借记_____科目。
A．预付账款　　B．应收账款　　C．应付账款　　D．预收账款

三、判断题

（　　）1. 预付账款在款项付出时按所付金额入账。

（　　）2. 预付货款不多的企业，可以不单独设置"预付账款"账户，将预付的货款记入"应付账款"账户的贷方。

练习3-4

一、单项选择题

（　　）1. 预支或拨付给企业内部各部门或个人使用的备用金，应通过_____科目核算。
A．应收账款　　　　　　　　B．其他应收款
C．预收账款　　　　　　　　D．应收票据

（　　）2. 企业存出保证金，应借记_____科目。
A．预付账款　　　　　　　　B．其他应收款

　　　　　　C．应收账款　　　　　　　　　　　D．预收账款

二、多项选择题

（　　）下列应收、暂付款项中，应通过"其他应收款"科目核算的是_____。
　　A．应收保险公司的赔款　　　　　B．应收职工罚款
　　C．应向职工收取的各种垫付款项　　D．应向购货单位收取的代垫运杂费

三、判断题

（　　）1．定额备用金报销时应结清"其他应收款"账户。
（　　）2．企业收到存入保证金应通过"其他应收款"科目核算。
（　　）3．企业应收的各种赔款、罚款应通过"应收账款"科目核算。

练习 3-5

一、单项选择题

（　　）1．采用应收款项余额百分比法计提坏账准备时，是根据会计期末_____账户的余额乘以估计的坏账率来计算的。
　　A．应收账款　　　　　　　　　　B．应收账款和预收账款
　　C．应收账款和其他应收款　　　　D．应收账款和应收票据

（　　）2．企业确认应收账款无法收回时，在备抵法下，应借记_____账户。
　　A．财务费用　　　　　　　　　　B．坏账准备
　　C．销售费用　　　　　　　　　　D．管理费用

二、多项选择题

（　　）1．以下方法属于企业估计坏账损失的计算方法有_____。
　　A．销货百分比法　　　　　　　　B．账龄分析法
　　C．应收款项余额百分比法　　　　D．个别认定法

（　　）2．用应收款项余额百分比法计提坏账准备时，已确认的坏账又收回，可能借记_____科目，贷记"坏账准备"科目。
　　A．应收账款　　B．银行存款　　C．其他应收款　　D．应收票据

三、判断题

（　　）1．企业可以自行确定估计坏账损失的方法，但一经确定不得变更。
（　　）2．年末按应收款项余额的一定比例计算的金额等于企业本年末应计提的坏账准备金额。

四、计算分析题

A 公司采用账龄分析法估计坏账损失，该企业 20××年 12 月 31 日应收账款余额为 240

万元。其账龄分析如下表所示：

A 公司年末估计坏账损失计算表

（账龄分析法）

20××年12月31日　　　　　　　　　　　　　　　金额单位：元

应收账款的账龄	应收账款的年末余额	坏账率(%)	估计坏账损失的金额
未到期的	800 000	1	
过期1个月	600 000	2	
过期2个月	400 000	4	
过期3个月	400 000	6	
过期3个月以上	200 000	10	
合计	2 400 000		

要求：

用账龄分析法填列上表，计算该企业20××年坏账损失的估计金额。

本章综合练习

一、思考题

1. 简述应收票据的贴现。（分组查找资料制作PPT，并在班级中汇报）

2. 简述销货百分比法。（分组查找资料，汇总后在班级的学习园地中展示）

二、单项选择题

（　　）1. 某企业为一般纳税人，6月10日销售产品一批，销售收入为40 000元，同意给予购方的现金折扣条件为(2/10,1/20,n/30)，适用的增值税税率为16%。企业6月28日收到该笔款项时，假设现金折扣考虑增值税，则应给与购方的现金折扣为_____元。

　　A. 400　　　　B. 464　　　　C. 0　　　　D. 800

（　　）2. 企业支付的应向职工收取的各种垫付款项，应借记_____科目。

　　A. 应收账款　　B. 其他应收款　　C. 其他应付款　　D. 预付账款

三、多项选择题

（　　）1. 下列各项中，应计入"坏账准备"账户贷方的有_____。

　　A. 提取坏账准备4 000元

B．确认坏账损失 4 000 元

C．已确认为坏账的损失 4 000 元又收回

D．冲回多提的坏账准备 4 000 元

（　　）2．关于应收及预付款项，下列说法正确的是_____。

A．应收票据到期无法收回，应将"应收票据"的账面余额转入"应收账款"

B．企业对预付账款不计提坏账准备

C．"预付账款"账户的贷方余额反映的是应付供应单位的款项

D．备用金通过"应收账款"进行账务处理

四、判断题

（　　）1．已确认为坏账的应收账款，一旦重新收回，可直接借"银行存款"科目，贷"坏账准备"科目。

（　　）2．应收票据和应收账款均属于应收款项，当有确凿的证据表明无法收回时，均应计提坏账准备。

（　　）3．企业估计坏账损失时，估计方法可以由企业自行确定。

五、计算分析题

1．A 公司为一般纳税人，销售商品一批，商品标价 40 000 元，商业折扣 8%，增值税税率 16%，现金折扣条件为(2/10,n/20)。另外 A 公司在销售商品时以银行存款代垫运杂费 300 元。

要求：

计算 A 公司应收账款的入账价值并编制商品销售的会计分录。

会计分录用纸（代记账凭证）

日期	凭证号数	摘要	会计科目及子细目	过账	借方金额	贷方金额

2. 甲公司为一般纳税人,适用的增值税税率为16%。20××年发生如下经济业务:

(1) 5月20日,向B公司赊销商品一批,该批商品价税合计为58 000元。销售成本为40 000元。现金折扣条件为(2/10、n/30)。销售时用银行存款代垫运杂费500元;

(2) 5月31日,B公司用银行存款支付9 000元,并开出一张面值为50 000元、票面利率为6%、期限为4个月的带息商业汇票一起来偿付上述货款和增值税;

(3) 6月23日,甲公司用银行存款向A公司预付材料款18 000元;

(4) 6月26日,甲公司收到A公司发来的材料。材料价值为30 000元,增值税为4 800元。甲公司对材料采用实际成本法核算;

(5) 6月26日,甲公司开出转账支票补付应付A公司材料款;

(6) 6月30日,甲公司对B公司开来的应收票据计提利息;

(7) 7月1日,甲公司以现金5 000元拨付生产车间的定额备用金;

(8) 7月10日,上述生产车间报销日常管理支出2 500元,财务科以现金支付;

(9) 7月12日,甲公司租入包装物一批,以银行存款向出租方支付押金3 000元。

要求:

编制甲公司上述业务的会计分录。

会计分录用纸(代记账凭证)

日期	凭证号数	摘要	会计科目及子细目	过账	借方金额	贷方金额

(续表)

日期	凭证号数	摘要	会计科目及子细目	过账	借方金额	贷方金额

第四章 存 货

重点难点与学习建议

◆ 本章重点是原材料的核算、周转材料领用及摊销的核算、委托加工物资的核算。建议从实际成本和计划成本两种核算方法着手,对原材料收、发、存全过程的主要业务进行分析。认真听讲,积极操作,掌握原材料购进、发出计价的核算,掌握领用周转材料成本的转销方法,掌握委托加工物资实际成本的核算,理解委托加工物资的消费税处理方法。

◆ 本章难点是原材料计划成本的核算、委托加工物资消费税的处理和存货的期末计价。建议在多阅读、多操作的基础上加以理解。

关 键 概 念

存货、原材料、周转材料、包装物、低值易耗品、委托加工物资、库存商品、实际成本法、计划成本法、存货跌价准备

练 习

练习 4-1

一、单项选择题

( ) 1. 判断存货范围的基本依据是_____。
    A. 存货地点　　　　　　　　B. 存货管理权
    C. 存货法定所有权　　　　　D. 存货内容

( ) 2. 以下各项,不属于企业存货的是_____。
    A. 包装物　　　　　　　　　B. 低值易耗品
    C. 委托加工物资　　　　　　D. 特种储备物资

( ) 3. 企业采购原材料时发生在运输途中的合理损耗应计入_____。
    A. 管理费用　　B. 营业外支出　　C. 其他业务成本　　D. 材料成本

二、多项选择题

( ) 1. 下列货物不属于企业存货的是_____。
    A. 已售出但尚未运出本企业的库存商品

B．准备在下个月购买的原材料
  C．委托外单位代销的商品
  D．用来建造办公楼的工程物资

（   ）2．购入存货时，以下各项应计入商品流通企业存货实际成本的是＿＿＿＿＿＿＿。
  A．买价　　　　　　　　　　　B．运输费
  C．入库前的整理挑选费　　　　D．进口关税

（   ）3．下列各项，应作为材料采购实际成本组成部分的有＿＿＿＿＿＿＿。
  A．制造费用　　　　　　　　　B．进口关税
  C．入库前的整理挑选费　　　　D．运输费

三、判断题

（   ）1．盘盈存货按同类或类似存货的市场价格入账。

（   ）2．存货期末计量按实际成本进行。

（   ）3．永续盘存制是一种以存计销、以存计耗的盘存方法。

（   ）4．实地盘存制平时只记录收入的数量和金额，不计发出数量。

练习 4-2

一、单项选择题

（   ）1．存货的计价方法一经选用，不得随意改变。这体现了会计核算的＿＿＿＿＿＿＿要求。
  A．重要性　　B．及时性　　C．可比性　　D．谨慎性

（   ）2．本月甲材料期初结存 64 千克，单价 3.20 元。本月购入 360 千克，单价 3 元，则甲材料的全月一次加权平均单价为＿＿＿＿＿＿＿元。
  A．3.10　　B．3.20　　C．3.03　　D．3.28

（   ）3．某企业 8 月 10 日购入甲材料 300 件，单价 5 元；18 日购入甲材料 400 件，单价 6 元；24 日发出甲材料 600 件。该企业采用先进先出法计价，则本月发出甲材料的成本为＿＿＿＿＿＿＿元。
  A．3 300　　B．3 400　　C．3 500　　D．3 600

（   ）4．按题 3 资料，该企业采用月末一次加权平均法计价，则本月发出甲材料的成本为＿＿＿＿＿＿＿元。
  A．3 300　　B．3 342.80　　C．3 400　　D．3 900

二、多项选择题

（   ）1．下列各项目中应计入购入材料成本的有＿＿＿＿＿＿＿。
  A．不含税买价　　　　　　　　B．采购材料的运杂费
  C．运输途中合理损耗　　　　　D．入库后的挑选整理费用

（   ）2．企业对发出材料的成本按实际成本计价，其具体的计价方法有＿＿＿＿＿＿＿等。
  A．个别计价法　　B．计划成本法　　C．加权平均法　　D．先进先出法

(   ) 3. 贷方可以用"材料成本差异"账户来登记_____。
    A．购进材料实际成本小于计划成本的差额
    B．购进材料实际成本大于计划成本的差额
    C．发出材料应负担的超支差异
    D．发出材料应负担的节约差异

三、判断题

(   ) 1. 购进原材料在运输途中发生的合理损耗应单独进行账务处理。
(   ) 2. 盘亏的存货属于非常损失的,在减去过失人或者保险公司等赔款和残料价值后,计入当期管理费用。
(   ) 3. 采购人员的差旅费,属于采购费用,应包括在材料采购成本内。

练习 4-3

一、单项选择题

(   ) 1. 单位价值较低,在企业内部用于储存和保管商品、材料,且不对外出售、出租或出借的包装物应在_____账户内核算。
    A．原材料   B．周转材料——包装物
    C．库存商品   D．周转材料——低值易耗品
(   ) 2. 下列物品中,属于"周转材料——包装物"科目核算的内容是_____。
    A．生产中用于包装产品的纸箱   B．一次性的包装材料
    C．纸箱厂生产的纸箱   D．用于储存库存商品的包装桶
(   ) 3. 下列物品中,不属于"周转材料——包装物"科目核算的内容是_____。
    A．生产中用于包装产品的纸箱   B．随产品出售单独计价的包装箱
    C．随产品出售不单独计价的包装箱 D．用于储存库存商品的包装桶
(   ) 4. 工业企业出借包装物成本摊销时,应借记_____账户。
    A．销售费用   B．管理费用
    C．其他业务成本   D．营业外支出
(   ) 5. 随产品出售不单独计价的包装物,其成本结转时,应借记_____账户。
    A．销售费用   B．主营业务收入   C．其他业务收入   D．管理费用

二、多项选择题

(   ) 1. 下列各项应计入"销售费用"账户核算的有_____。
    A．出租包装物的修理费
    B．随产品出售不单独计价的包装物成本
    C．出借包装物的修理费
    D．随产品出售单独计价的包装物成本
(   ) 2. 下列各项不应计入"其他业务成本"账户核算的有_____。
    A．出租包装物成本的摊销

B．出借包装物成本的摊销
C．随产品出售单独计价的包装物成本
D．生产产品领用的包装物成本

三、判断题

（　　）1. 用于企业内部周转使用的包装容器不论单位价值的高低，均作为"固定资产"加以核算。
（　　）2. 作为库存商品经营的包装物应计入"库存商品"加以核算。
（　　）3. 出借包装物因不能使用而报废时，应将其残料价值计入"其他业务成本"账户。

练习 4-4

一、单项选择题

（　　）1. 某企业生产车间领用模具一批，采用一次摊销法其模具成本应结转计入＿＿＿＿账户。
　　　　A．管理费用　　　B．制造费用　　　C．销售费用　　　D．其他业务成本
（　　）2. 下列各项应作为存货核算的有＿＿＿＿。
　　　　A．工程物资　　　B．周转材料　　　C．专利权　　　D．机器设备
（　　）3. 管理用低值易耗品在采用一次性摊销的情况下，报废时收回的残料价值应冲减＿＿＿＿账户的金额。
　　　　A．制造费用　　　B．管理费用　　　C．销售费用　　　D．营业外支出

二、多项选择题

（　　）采用一次摊销法时，低值易耗品摊销可能借记的科目有＿＿＿＿。
　　　　A．财务费用　　　B．管理费用　　　C．制造费用　　　D．销售费用

练习 4-5

一、多项选择题

（　　）一般纳税人委托其他单位加工材料，应计入新材料成本的项目是＿＿＿＿。
　　　　A．加工耗用材料的实际成本　　　B．不含增值税的加工费用
　　　　C．往返的运杂费　　　　　　　D．不能抵扣的增值税

二、判断题

（　　）1. 委托加工物资不属于存货。
（　　）2. 委托加工物资应支付的增值税不应计入委托加工物资成本。
（　　）3. 委托加工物资应支付的消费税应计入委托加工物资成本。

练习 4-6

一、单项选择题

（　　）1. 计提存货跌价准备时，应借记_____账户。
　　　A. 营业外支出　　B. 资产减值损失　　C. 管理费用　　D. 存货跌价准备

（　　）2. 存货期末计价的方法是成本与_____孰低法。
　　　A. 预计未来现金流量的现值　　　　B. 可变现净值
　　　C. 市场价值　　　　　　　　　　　D. 重置价值

（　　）3. 某企业 2015 年 12 月 31 日，A 材料的账面余额为 30 000 元，预计可变现净值为 28 500 元；2016 年 12 月 31 日，A 材料的账面余额为 30 000 元，预计可变现净值为 32 000 元。则 2016 年末应冲减该材料的存货跌价准备为_____元。
　　　A. 2 000　　　　B. 500　　　　C. 1 500　　　　D. 0

二、判断题

（　　）1. 我国现行《企业会计准则》规定，期末存货计价一般按单项比较法计提存货跌价准备。

（　　）2. 已计提跌价准备的存货，其价值得以恢复时，则应冲减跌价准备金额，但只能冲至"存货跌价准备"为零为止。

（　　）3. 当存货的市价下跌，并估计在来年可能回升，此时可以判断存货存在减值迹象。

本章综合练习

一、思考题

简述毛利率法和售价金额法。（通过课后分组查找资料来完成思考题）

二、计算分析题

1. 某工厂本月甲材料收、发、存情况如下：
   6 月 1 日，期初余额数量 2 000 千克，单价 2.50 元；
   6 月 7 日，购入材料数量 1 500 千克，单价 2.40 元；
   6 月 17 日，发出材料数量 3 000 千克；
   6 月 23 日，购入材料数量 1 500 千克，单价 2.50 元；
   6 月 30 日，发出材料数量 1 000 千克。

要求：

用先进先出法填列材料明细账。

某工厂甲材料明细账

（先进先出法）

年		摘 要	收入			发出			结存		
月	日		数量	单价	金额	数量	单价	金额	数量	单价	金额

2. 某工厂本月甲材料收、发、存情况如下：

6月1日，期初余额数量2 000千克，单价2.50元；

6月7日，购入材料数量1 500千克，单价2.40元；

6月17日，发出材料数量3 000千克；

6月23日，购入材料数量1 500千克，单价2.50元；

6月30日，发出材料数量1 000千克。

要求：

(1) 用月末一次加权平均法计算发出材料成本和结存材料成本；

(2) 填列材料明细账。

某工厂甲材料明细账

（月末一次加权平均法）

年		摘 要	收入			发出			结存		
月	日		数量	单价	金额	数量	单价	金额	数量	单价	金额

(续表)

年		摘 要	收入			发出			结存		
月	日		数量	单价	金额	数量	单价	金额	数量	单价	金额

3. 某企业原材料采用计划成本法核算,20××年 6 月初结存原材料计划成本 120 000 元,当月收入原材料计划成本为 480 000 元,当月发出原材料计划成本 400 000 元,月初原材料成本差异为节约 4 000 元,当月收入原材料成本差异为超支 5 200 元。

要求:

(1) 当月原材料的成本差异率;

(2) 发出材料的实际成本;

(3) 结存材料的实际成本。

4. 某企业是增值税一般纳税人,对存货采用实际成本法核算。20××年 2 月发生了以下经济业务,要求编制会计分录。

(1) 5 日,购入甲材料 2 000 千克,每千克 14 元,计货款 28 000 元,增值税额 4 480 元,另运杂费 300 元,所有款项均以支票结算。甲材料已到验收入库;

(2) 7 日,生产 A 产品领用甲材料 2 000 千克,结转发出材料成本 29 150 元;

(3) 10 日,生产 A 产品领用纸箱 500 只,每只 10 元,采用一次摊销法结转纸箱成本;

(4) 11 日,随甲产品的出售出租包装物一批,取得押金 3 000 元,存入银行。该批包装物实际成本 2 800 元,采用五五摊销法摊销;

(5) 12 日,车间领用刀具一批 4 500 元,采用一次摊销法摊销;

(6) 13 日,发出原材料一批 35 000 元,委托乙公司加工 B 材料。并以现金 400 元支付发出材料的运杂费;

(7) 20 日,以银行存款 3 480 元支付委托加工 B 材料的加工费用和进项增值税;

(8) 23 日,委托加工 B 材料完工,收回验收入库;

(9) 28日,本月A产品完工成本为230 000元,将完工产品成本加以结转。

会计分录用纸(代记账凭证)

日期	凭证号数	摘要	会计科目及子细目	过账	借方金额	贷方金额

5. 某企业对存货的期末计价采用成本与可变现净值孰低法。某项存货2015年年末成本为200 000元,可变现净值为190 000元;2016年年末成本为160 000元,可变现净值为140 000元;2017年年末成本为170 000元,可变现净值为180 000元。

要求：

根据上述资料，编制该存货期末跌价准备业务处理的会计分录。

会计分录用纸（代记账凭证）

日期	凭证号数	摘要	会计科目及子细目	过账	借方金额	贷方金额

第五章 交易性金融资产与长期股权投资

重点难点与学习建议

◆ 本章重点是交易性金融资产的核算。建议在了解股票和债券相关知识的基础上,熟读第二节,在教师的指导下,掌握"交易性金融资产"、"应收股利"、"应收利息"、"投资收益"、"公允价值变动损益"等账户的结构,掌握短期股票或债券购入、持有中获得现金股利或利息,出售处置等业务的核算。

◆ 本章难点是长期股权投资的成本法和权益法。建议对长期股权投资成本法和权益法的适用范围只作一般了解。

关键概念

投资、交易性金融资产、应收股利、应收利息、投资收益、公允价值变动损益、长期债权投资、长期股权投资、成本法、权益法

练习

练习 5-1

一、单项选择题

(　　)根据《企业会计准则》,以公允价值计量且其变动计入当期损益的金融资产包括_____。
  A. 交易性金融资产　　　　　　B. 持有至到期投资
  C. 可供出售金融资产　　　　　D. 贷款和应收款项

二、多项选择题

(　　)下列属于交易性金融资产的有_____。
  A. 以赚取差价为目的从二级市场购入的股票
  B. 以赚取差价为目的从二级市场购入的债券
  C. 以赚取差价为目的从二级市场购入的基金
  D. 不作为有效套期工具的衍生工具

E. 作为有效套期工具的衍生工具

三、判断题

( ) 1. 金融资产包括货币资金、应收款项、应付款项、货款、交易性金融资产等。

( ) 2. 长期股权投资的主要目的是把投资作为剩余资金的存放形式。

练习 5-2

一、单项选择题

( ) 1. 甲企业从证券市场以每股 10 元的价格购入某上市公司股票 1 000 股,准备近期出售,另付有关的税费 100 元,已知每股价格中包含 0.5 元已宣告但尚未领取的现金股利。甲企业取得该项交易性金融资产时,应计入"交易性金融资产——成本"科目的金额为_____元。

  A. 10 000   B. 10 100   C. 11 000   D. 9 500

( ) 2. A 企业从证券市场以每张 90 元的价格购入某上市公司债券 1 000 张,准备近期出售,另付有关费用 100 元,已知购入时含已到付息期但尚未领取的利息 2 000 元。甲企业取得该项交易性金融资产时,应计入"交易性金融资产——成本"科目的金额为_____元。

  A. 90 000   B. 90 100   C. 89 900   D. 88 000

( ) 3. 交易性金融资产持有期间被投资企业宣告发放,现金股利应贷记_____。

  A. 交易性金融资产   B. 应收利息
  C. 投资收益   D. 银行存款

二、多项选择题

( ) 1. 下列项目中,不应计入交易性金融资产取得成本的是_____。

  A. 支付的购买价格
  B. 支付的相关税金
  C. 支付的手续费
  D. 支付价格中包含的已宣告但尚未领取的现金股利

( ) 2. 企业购买其他企业发行的债券,拥有_____等权利。

  A. 参与被投资企业的生产经营管理   B. 到期收回本金
  C. 定期收取利息   D. 参与被投资企业的利润分配

( ) 3. 企业购入债券作交易性金融资产投资,可能借记的账户有_____。

  A. 交易性金融资产   B. 应收股利
  C. 应收利息   D. 投资收益

( ) 4. 企业购入股票作交易性金融资产投资,可能借记的账户有_____。

  A. 交易性金融资产   B. 应收股利
  C. 应收利息   D. 投资收益

( ) 5. 对企业的交易性金融资产投资来说,当收到被投资企业的现金股利时,不可能涉及的账户是_____。

　　A．应收股利　　　　　　　　B．投资收益
　　C．公允价值变动损益　　　　D．营业外收入

三、判断题

（　　）1．交易性金融资产投资在持有期间，收到投资公司分派的现金股利时，应作为投资收益入账。

（　　）2．交易性金融资产投资所支付的款项中若包含已宣告而尚未发放的现金股利，应列入资产成本。

（　　）3．交易性金融资产以公允价值计量。

（　　）4．期末交易性金融资产公允价值变动，应将公允价值与其账面余额的差额计入"公允价值变动损益"账户。

练习 5-3

一、单项选择题

（　　）关于长期股权投资说法正确的是_____。
　　A．可以按约定获取利息　　　B．到期可以收回本金
　　C．风险大于债券投资　　　　D．不能参与企业经营决策

二、多项选择题

（　　）下列属于长期股权投资的是_____。
　　A．对子公司的权益性投资
　　B．对联营企业的权益性投资
　　C．对合营企业的权益性投资
　　D．对被投资单位无控制、无共同控制且无重大影响的投资

三、判断题

（　　）1．共同控制是指按合同约定对某项经济活动所共有的控制。

（　　）2．需要根据投资企业享有被投资企业所有者权益份额的变动进行调整投资账面价值的方法是成本法。

（　　）3．对合营企业的权益性投资应采用成本法核算。

本章综合练习

一、思考题

　　股票和债券知识知多少？（通过课后分组查找资料来完成本题并在学习园地中进行展示）

二、计算分析题

1. 某企业20××年发生下列交易性金融资产投资的经济业务：

(1) 3月10日，购入夏新股份公司股票5 000股，购入价每股8元，另需支付佣金、交纳印花税以及过户费共200元，所有款项均以存出投资款支付；

(2) 3月12日，购入巴士股份公司股票10 000股，购入价每股6元，需付佣金、印花税及过户费共400元。另知巴士公司已于3月5日宣告分派现金股利，每股0.10元，定于3月20日起按3月18日的股东名册支付。购入时所有的款项均以存出投资款支付；

(3) 3月20日，收到巴士公司发放的现金股利1 000元，存入存出投资款账户；

(4) 4月2日，收到夏新公司发放的现金股利2 000元，存入存出投资款账户；

(5) 4月5日，将所持有的巴士公司股票10 000股全部出售，取得79 500元存入存出投资款账户；

(6) 4月12日，购入A公司于同年1月1日发行的债券作为短期投资，购入买价总计120 000元，另需支付相关费用3 000元，款项已用银行存款支付。该债券为二年期，年利率5%，每半年付息一次，到期还本；

(7) 7月1日，收到A公司债券投资的利息3 000元，存入存出投资款账户；

(8) 7月12日，将所持的A公司债券投资全部出售，出售净收入为130 000元，存入存出投资款账户。

要求：

根据上述资料编制会计分录。

会计分录用纸（代记账凭证）

日期	凭证号数	摘要	会计科目及子细目	过账	借方金额	贷方金额

2. 2016年5月，甲公司以480万元购入乙公司股票60万股作为交易性金融资产，另支付手续费10万元。2016年6月30日该股票每股市价为7.5元，2016年8月10日，乙公司宣告分派现金股利，每股0.20元，8月20日，甲公司收到分派的现金股利。至12月31日，

甲公司仍持有该交易性金融资产,期末每股市价为8.5元,2017年1月3日以515万元出售该交易性金融资产。假定甲公司每年6月30日和12月31日对外提供财务报告。

要求:

(1) 编制上述经济业务的会计分录。

会计分录用纸(代记账凭证)

日期	凭证号数	摘要	会计科目及子细目	过账	借方金额	贷方金额

(2) 计算该交易性金融资产的累计损益。

第六章 固定资产

重点难点与学习建议

◆ 本章重点是固定资产核算、固定资产折旧的计算与核算。建议在明确固定资产含义、特征、内容、计价基础、取得方式、取得时实际成本的确定等相关知识基础上,掌握"在建工程"、"固定资产"账户、固定资产取得以及固定资产清查的核算。在明确折旧含义、折旧范围、影响折旧因素的基础上,掌握固定资产折旧的计算及核算。

◆ 本章难点是双倍余额递减法、年数总和法的应用;会计年度折旧的计算。

关键概念

固定资产、在建工程、折旧、累计折旧、平均年限法、年数总和法、双倍余额递减法、固定资产清理、固定资产后续支出

练 习

练习6-1

一、单项选择题

(　　) 1. 以下各项属于固定资产的是_____。
　　A. 原材料　　　B. 库存商品　　C. 运输用的汽车　　D. 包装物

(　　) 2. 以下不属于在用固定资产的是_____。
　　A. 大修理停用的固定资产　　　B. 季节性停用的固定资产
　　C. 出租的固定资产　　　　　　D. 尚未达使用状态的在建工程

二、多项选择题

(　　) 1. 固定资产的计价基础是_____。
　　A. 历史成本　　　　　　　　　B. 重置价值
　　C. 折余价值　　　　　　　　　D. 预计未来现金流量现值

(　　) 2. 以下各种固定资产中,_____是按经济用途分类的结果。
　　A. 未使用固定资产　　　　　　B. 不需用固定资产
　　C. 生产用固定资产　　　　　　D. 非生产用固定资产

三、判断题

( ) 1. "在建工程"账户用来核算企业为基建工程、更新改造工程等准备的各种物资的实际成本。

( ) 2. "累计折旧"账户是"固定资产"的备抵科目,用来核算固定资产的累计折旧。

( ) 3. 经营租入的固定资产应视同企业自有的固定资产进行管理,并计提折旧。

练习 6-2

一、单项选择题

( ) 1. 企业采用自营方式建造固定资产时,下列_____不能计入固定资产取得成本。
　　A．行政管理部门人员的工资费用　　B．工程人员的工资
　　C．工程建设耗用的原材料　　D．工程建设耗用的工程物资

( ) 2. 购入需要安装的固定资产,其取得成本应先计入_____科目。
　　A．工程物资　　B．在建工程　　C．制造费用　　D．固定资产

( ) 3. 企业采用出包方式建造固定资产在预付工程款时,应借记_____科目。
　　A．固定资产　　B．工程物资　　C．在建工程　　D．预付账款

( ) 4. 某企业接受 B 公司投资设备一套。该设备原值 50 万元,已提折旧 7 万元,双方协议价值 40 万元。假定不考虑相关税费,则固定资产的入账价值为_____万元。
　　A．50　　B．43　　C．40　　D．33

( ) 5. 以下业务应通过"以前年度损益调整"账户核算的是_____。
　　A．固定资产出售　　B．固定资产计提减值准备
　　C．固定资产改建　　D．固定资产盘盈

( ) 6. 在建工程项目达到预定可使用状态前,试生产产品对外出售取得的收入应计入_____科目。
　　A．主营业务收入　　B．其他业务收入　　C．在建工程　　D．营业外收入

二、多项选择题

( ) 1. 关于固定资产取得时入账价值计量的说法,正确的是_____。
　　A．投资者投入固定资产按投资者双方确认的价值入账
　　B．捐赠取得的新的固定资产,有凭证的应按凭证价值加上相关税费入账
　　C．盘盈取得的固定资产按重置价值减估计损耗入账
　　D．自制固定资产按固定资产达预定使用状态前所发生的合理、必要的支出入账

( ) 2. 一般纳税人取得固定资产时,以下各项应计入固定资产成本的是_____。
　　A．购入固定资产中发生的运杂费
　　B．购入固定资产而支付的增值税
　　C．固定资产达预定可使用状态后发生的支出

D．取得固定资产应支付的安装工人的工资

三、判断题

（　）1．企业自营建造固定资产过程中，辅助车间为基建工程提供的修理劳务应计入工程成本。

（　）2．不需要安装的固定资产在购建时应计入"在建工程"。

练习6-3

一、单项选择题

（　）1．以下折旧计算方法中，不考虑固定资产净残值的方法是_____。
   A．平均年限法　　　　　　　B．工作量法
   C．年数总和法　　　　　　　D．双倍余额递减法

（　）2．某项设备原值为100 000元，预计使用年限为10年，预计净残值为10 000元。则按平均年限法计算，该设备第二年的折旧是_____元。
   A．9 000　　　B．10 000　　　C．11 000　　　D．12 000

（　）3．某企业购进设备一台，该设备的入账价值为100万元，预计净残值为5万元。预计使用年限为5年在采用平均年限法计提折旧的情况下，该设备第四年应提的折旧额是_____万元。
   A．19　　　B．20　　　C．21　　　D．22

（　）4．固定资产原值为200 000元，预计净残值为10 000元，预计使用年限为10年。则在双倍余额递减法下，前8年固定资产的年折旧率为_____。
   A．10%　　　B．20%　　　C．9.5%　　　D．19%

（　）5．按会计制度规定，下列各项固定资产中，当月应计提折旧的有_____。
   A．土地　　　　　　　　　　B．当月增加的固定资产
   C．经营租入的固定资产　　　D．当月报废的固定资产

二、多项选择题

（　）1．以下折旧方法中，不属于加速折旧法的有_____。
   A．工作量法　　　　　　　　B．双倍余额递减法
   C．年数总和法　　　　　　　D．平均年限法

（　）2．以下折旧方法中，属于加速折旧法的有_____。
   A．工作量法　　　　　　　　B．双倍余额递减法
   C．年数总和法　　　　　　　D．直线法

（　）3．双倍余额递减法和年数总和法在计算固定资产折旧时的共同特点是_____。
   A．属于加速折旧法　　　　　B．前期折旧额高，后期折旧额低
   C．后期折旧额高，前期折旧额低　　　D．不考虑净残值

（　）4．以下各项，应计提固定资产折旧的有_____。
   A．在用的固定资产　　　　　B．当月增加的固定资产

C. 当月减少的固定资产　　　　D. 修理停用的固定资产
E. 租出固定资产

三、判断题

（　）1. 已提足折旧的固定资产,不再续提折旧;报废的固定资产,应再补提折旧。
（　）2. 当月增加的固定资产,当月计提折旧;当月减少的固定资产,当月不再计提折旧。
（　）3. 经营租入的固定资产不用计提折旧。
（　）4. 融资租入的固定资产应计提折旧。

四、计算分析题

甲公司某固定资产原值为 10 万元,预计净残值为 5 000 元,预计使用年限为 4 年。
要求：
用平均年限法、双倍余额递减法和年数总和法分别计算该固定资产第三年的折旧。

练习 6-4

判断题

（　）1. 某企业扩建厂房,原厂房的账面价值为 200 万元,扩建过程中发生的材料人工费为 300 万元,变价收入 3 万元。扩建后厂房的账面价值为 297 万元。
（　）2. 固定资产的改建支出发生时应作为当期费用处理。
（　）3. 固定资产大修理支出发生时应计入固定资产成本,即借记"在建工程"。
（　）4. 固定资产改良过程中,取得的残料变价收入,应减少固定资产价值。

练习 6-5

一、单项选择题

（　）1. 固定资产发生盘亏时,应根据＿＿＿＿转入"待处理财产损溢"账户。
A. 原始价值　　B. 账面价值　　C. 折余价值　　D. 市场价格
（　）2. 报废固定资产应通过＿＿＿＿科目核算。
A. 待处理财产损溢　　　　B. 固定资产清理
C. 在建工程　　　　　　　D. 营业外支出
（　）3. 以下各项应在"固定资产清理"贷方核算的是＿＿＿＿。
A. 发生的清理费用　　　　B. 固定资产的变价收入
C. 结转固定资产清理的净收益　　D. 转入清理的固定资产净值

二、多项选择题

（　）1. 通过"固定资产清理"账户核算的有_____。
　　A．毁损的固定资产　　　　B．出售的固定资产
　　C．报废的固定资产　　　　D．盘亏的固定资产

（　）2. 固定资产出售的会计处理中，最终的损益应计入_____科目。
　　A．管理费用　　　　B．其他业务成本　　　　C．其他业务收入
　　D．营业外支出　　　E．营业外收入

三、判断题

（　）1. 固定资产在报废清理时，如清理收入小于清理费用，其差额应列入"营业外收入"账户。

（　）2. 出售固定资产应通过"固定资产清理"账户核算。

（　）3. 固定资产清理净支出属于其他业务支出。

四、计算分析题

甲公司有一台设备使用期满，不能继续使用，进行报废清理。该设备原价 60 000 元，已提折旧 58 000 元，取得的残料变价收入 1 000 元，支付清理费用 2 000 元。

要求：

对该设备的报废进行账务处理，编制清理全过程的相关会计分录。

会计分录用纸（代记账凭证）

日期	凭证号数	摘要	会计科目及子细目	过账	借方金额	贷方金额

本章综合练习

一、思考题

简述经营租赁与融资租赁的区别。（通过分组查找资料来完成）

二、计算分析题

1. 某企业报废旧设备一台,原价 24 000 元,已提折旧 22 000 元,报废时收回残料价值 1 200元存入银行,以银行存款支付清理费 800 元。

要求:

编制有关的会计分录。

会计分录用纸(代记账凭证)

日期	凭证号数	摘要	会计科目及子细目	过账	借方金额	贷方金额

2. 甲企业车间某机器原始价值 45 000 元,预计净残值 4 500 元,预计使用年限 3 年。

要求:

(1) 用年数总和法计算该机器各年的折旧额(填表计算);

(2) 编制第二年 6 月份的计提折旧会计分录。

年次	原值—净残值	尚可使用年限	折旧率	折旧额	累计折旧额
1					
2					
3					

会计分录用纸(代记账凭证)

日期	凭证号数	摘要	会计科目及子细目	过账	借方金额	贷方金额

3. 甲公司为一般纳税人,向电梯厂购进电梯一台价款500 000元,增值税额80 000元,运杂费7 000元。现按下列业务情况编制会计分录。

(1) 以银行存款支付货款和运杂费,电梯验收入库;

(2) 安装工人领用电梯进行安装;

(3) 安装工人从材料仓库领用原材料甲用于安装电梯,该原材料成本2 000元,购进时已付增值税320元;

(4) 分配应由安装工程负担的安装工人工资2 200元;

(5) 电梯安装完毕试调验收交付使用,结转在建工程成本。

会计分录用纸(代记账凭证)

日期	凭证号数	摘要	会计科目及子细目	过账	借方金额	贷方金额

4. 乙公司于2013年12月3日向M公司购入一台需要安装的用于公司管理部门的设备,价款为850 000元,运杂费7 000元,以银行存款支付;企业安装中又以银行存款支付安装调试费43 000元,设备于2月27日交付使用。该设备采用年数总额法计提折旧(使用期限5年,预计净残值26 400元)。(假设不考虑相关税费)

要求:

(1) 编制有关会计分录确定固定资产入账价值;

会计分录用纸(代记账凭证)

日期	凭证号数	摘要	会计科目及子细目	过账	借方金额	贷方金额

(续表)

日期	凭证号数	摘要	会计科目及子细目	过账	借方金额	贷方金额

(2) 分别确定 2014 年和 2017 年年折旧额；(提示：2013 年为第一年)

(3) 计算该设备 2014 年 10 月份的折旧额，并编制计提该设备 2014 年 10 月份的折旧会计分录。

会计分录用纸（代记账凭证）

日期	凭证号数	摘要	会计科目及子细目	过账	借方金额	贷方金额

5. 根据某企业发生的有关固定资产方面经济业务，编制会计分录。

(1) 企业购入不需安装的非生产用设备一台，价款 28 000 元，运杂费 2 000 元，款项以银行存款支付(假设不考虑相关税费)；

(2) 企业接受其他单位投资转入的设备一台，该设备账面原值 46 000 元，已折旧 10 000 元，双方同意按设备净值确认为投资额(假设不考虑相关税费)；

(3) 盘亏设备一台，原始价值 60 000 元，已提折旧 30 000 元，盘亏固定资产批准后处理。

会计分录用纸（代记账凭证）

日期	凭证号数	摘要	会计科目及子细目	过账	借方金额	贷方金额

(续表)

日期	凭证号数	摘要	会计科目及子细目	过账	借方金额	贷方金额

6. 某小规模纳税企业3月2日购入设备一台已投入使用,增值税发票上注明货款40 000元,增值税6 400元,另运杂费500元,安装费3 100元。该设备的预计净残值2 000元,预计使用年限5年。

要求：

(1) 计算该设备的入账价值；

(2) 用平均年限法计算该设备第二年的年折旧额；

(3) 用年数总和法计算该设备第二年的年折旧额；

(4) 用年数总和法计算该设备2017年的折旧额。

第七章　无形资产及其他资产

重点难点与学习建议

◆ 本章重点是无形资产取得、摊销、出售、出租等基本业务的核算。建议在阅读理解的基础上，认真听讲，掌握无形资产取得、摊销、出售、出租等业务的核算。

◆ 本章难点是累计摊销长期待摊费用。

关键概念

无形资产、专利权、非专利技术、商标权、土地使用权、特许权、无形资产出售、无形资产出租、长期待摊费用

练　习

练习 7-1

一、单项选择题

（　　）1. 下列中不能确认为无形资产入账的是_____。
　　A. 非专利技术　　　　　　　B. 土地使用权
　　C. 商誉　　　　　　　　　　D. 商标权

（　　）2. 按现行《企业会计准则》规定，下列各项中，企业应作为无形资产入账的是_____。
　　A. 自创的商誉　　　　　　　B. 外购的商誉
　　C. 专利技术　　　　　　　　D. 设备改建费

二、多项选择题

（　　）1. 以下各项中，属于可辨认的无形资产是_____。
　　A. 商标权　　B. 商誉　　C. 专利权　　D. 特许权

（　　）2. 作为无形资产，一般有如下特征_____。
　　A. 没有实物形态
　　B. 持有的目的是使用而不是出售
　　C. 为企业提供未来经济利益的大小具有较大的不确定性

D．是企业有偿取得的

三、判断题

（　）1．商誉属于不可辨认的无形资产。

（　）2．按现行《企业会计准则》规定无形资产是一项可辨认的非货币性资产。

练习 7-2

一、单项选择题

（　）1．转让无形资产所有权发生的损益，应计入＿＿＿＿＿＿。
A．其他业务收入或其他业务成本　　B．营业外收入或营业外支出
C．财务费用　　　　　　　　　　　D．管理费用

（　）2．企业在创造发明某项专利时所发生的各种研究开发费用，应计入＿＿＿＿＿＿。
A．长期待摊费用　　B．研发支出
C．管理费用　　　　D．无形资产的价值

（　）3．无形资产的摊销，可能计入＿＿＿＿＿＿。
A．财务费用　　B．管理费用
C．销售费用　　D．制造费用

（　）4．企业出租无形资产取得的收入，应当计入＿＿＿＿＿＿科目。
A．主营业务收入　　B．其他业务收入
C．营业外收入　　　D．投资收益

二、多项选择题

（　）1．下列各项支出中可以计入无形资产价值的有＿＿＿＿＿＿。
A．外购商标权的买价　　　　　　B．外购商标权支付的手续费
C．自创专有技术的研究开发费用　D．自创专利权的注册登记费

（　）2．下列各项中，会引起无形资产账面价值发生增减变动的有＿＿＿＿＿＿。
A．购入无形资产　　B．发生无形资产后续支出
C．摊销无形资产成本　D．转让无形资产所有权

三、判断题

（　）1．企业转让无形资产使用权时取得的收入，应计入其他业务收入。

（　）2．企业自行开发无形资产的研究开发费用应计入无形资产的成本。

（　）3．无形资产摊销时，应借记"管理费用"。

（　）4．无形资产摊销和固定资产折旧的原理相同，会计处理方法也相同。

（　）5．无形资产的后续支出，金额较大的应增加无形资产的价值，金额较小的可确认为发生当期的费用。

（　）6．当月增加的有使用寿命的无形资产，当月起摊销。

练习 7-3

一、多项选择题

( ) 企业其他长期资产一般包括_____。
A. 特种储备物资　　　　　　B. 银行冻结存款
C. 涉及诉讼中的财产　　　　D. 冻结物资

二、判断题

( ) 开办费应在生产经营开始的当月一次摊销计入当期损益。

本章综合练习

一、思考题

简述商誉的含义和内容。(通过上网搜索查资料来完成思考题)

二、计算分析题

一般纳税人 A 公司 20××年发生下列有关无形资产的经济业务：
(1) 以银行存款购入专利权一项,价款 100 万元,增值税额 16 万元；
(2) 出租一项商标权,取得租金收入 20 万元存入银行,应交增值税 1.2 万元；
(3) 摊销无形资产成本 10 万元；
(4) 出售商标权一项,该商标权摊余价值 6 万元,出售收入 10 万元存入银行,应交增值税 6 000 元；
(5) 报废一项专利权,该专利权账面价值 5 万元。
要求：
编制相关会计分录。

会计分录用纸(代记账凭证)

日期	凭证号数	摘要	会计科目及子细目	过账	借方金额	贷方金额

第八章　流动负债

重点难点与学习建议

◆ 本章重点是增值税和工资的核算。建议对增值税一般纳税人和小规模纳税人的核算进行对比，把握特征，掌握一般纳税人进项税额、进项税额转出、销项税额、已交税金的核算，掌握"进项税额转出"与"销项税额"两专栏的区别。建议了解工资总额构成，理解工资结算单，掌握工资支付及工资费用分配的核算。

◆ 本章难点是应付职工薪酬、应交税金。建议通过详细阅读，认真听讲，加强习题操作来学习这部分内容。

关键概念

流动负债、短期借款、预收账款、应付票据、应付账款、应付职工薪酬、其他应付款、应交税费、增值税、消费税、城市维护建设税、教育费附加

练习

练习8-1

判断题

（　　）1. 负债必须通过转让来清偿。

（　　）2. 流动负债应按偿还的金额是否肯定可分为数额肯定的负债、数额要估计的负债和数额要取决于经营成果的流动负债三种。

（　　）3. 应付账款，应付票据，预收账款属于借贷行为所产生的流动负债。

练习8-2

一、单项选择题

（　　）1. 贝尼公司5月1日，因流动资金不足，经银行批准借入生产周转借款100 000元，为期3个月，借款月利率为5‰，款项存入银行，公司当日作_____账务处理：

A. 借：短期借款——周转借款　　　　　　　100 000
　　　贷：银行存款　　　　　　　　　　　　　　　　100 000

B. 借：短期借款——周转借款　　　　　　　100 500

    贷:银行存款   100 500
   C．借:银行存款   100 500
    贷:短期借款——周转借款   100 000
     应付利息   500
   D．借:银行存款   100 000
    贷:短期借款——周转借款   100 000

（　　）2. 短期借款的期限通常为_____。
   A．12 个月以内   B．18 个月以内
   C．4 个月以内   D．6 个月以内

（　　）3. 企业取得结算借款的数额是_____。
   A．商品销售收入与代垫运杂费之和 B．商品销售收入
   C．发出商品成本与代垫运杂费之和 D．发出商品成本

二、判断题

（　　）1. 短期借款的应付利息在预提或实际支付时均应通过"短期借款"科目核算。

（　　）2. 若企业的短期借款利息是按月支付的,或者利息在借款到期时连同本金一起归还,但是数额不大的,可以不采用预提的方法,而在实际支付或收到银行的利息通知时,直接计入当期损益。

（　　）3. 期末"资产负债表"中流动负债的"短期借款"项目反映的是尚未归还的短期借款本息合计。

练习 8-3

一、单项选择题

（　　）1. 我国目前会计实务中,带息应付票据的利息应计入_____科目。
   A．短期借款 B．其他应付款 C．财务费用 D．应付利息

（　　）2. 我国《支付结算办法》规定,商业汇票的承兑期限最长不能超过_____。
   A．三个月 B．六个月 C．九个月 D．一年

（　　）3. 企业支付的银行承兑汇票的手续费,应计入_____科目。
   A．财务费用 B．管理费用 C．销售费用 D．营业外支出

二、多项选择题

（　　）1. 应付票据是指企业采用_____的结算方式,根据合同签发的承诺在某一指定时期支付一定款项的书面凭证。
   A．银行本票   B．银行汇票
   C．商业承兑汇票   D．银行承兑汇票

（　　）2. 商业汇票的承兑人,可以是_____。
   A．付款方(购买单位)   B．收款方(销货单位)
   C．付款方开户银行   D．收款方开户银行

三、判断题

（　　）1. 到期时不能兑付的带息应付票据应连本带息转入"应付账款"科目，此后仍应按规定按期计算应付利息并计入当期损益。

（　　）2. 对商业承兑汇票来说，承兑人应为付款人。银行承兑汇票的承兑人是银行，因此应付银行承兑汇票不是企业(承兑申请人)的负债。

（　　）3. 如果是带息应付票据，企业可在在中期期末和年终计算票据的应付利息，并计入当期损益。

（　　）4. 企业开出商业承兑汇票到期，无力支付时，银行可垫付，并算作对企业发放的短期借款。

练习 8-4

一、单项选择题

（　　）1. 预收款项情况不多的企业，可以不设置"预收账款"科目，若发生预收的货款，可将其直接计入_____科目贷方。

  A. 其他应收款　　　　　　　　B. 应付账款
  C. 应收账款　　　　　　　　　D. 其他应付款

（　　）2. 如果应付账款由于债权单位撤销或其他原因而使企业无法支付，这笔无法支付的应付款项，应作为企业的_____。

  A. 冲减财务费用　　　　　　　B. 资本公积
  C. 冲减管理费用　　　　　　　D. 营业外收入

（　　）3. 6月5日，黄河厂向某公司购买价值为20 000元的货物，现金折扣的具体条件为(2/10,1/20,n/30)，销售公司适用的增值税税率为16%，购买当日，所购货物经验收入库，但货款尚未支付，为取得现金折扣的优惠，黄河厂于6月13日，以现金支票方式支付该货款。假设折扣计算含增值税，则黄河厂应于6月13日作会计分录_____。（双方均为一般纳税人）

  A. 借：应付账款　　　　　　　　　20 000
    贷：银行存款　　　　　　　　　　　　　　20 000
  B. 借：应付账款　　　　　　　　　23 200
    贷：银行存款　　　　　　　　　　　　　　23 200
  C. 借：应付账款　　　　　　　　　23 200
    贷：银行存款　　　　　　　　　　　　　　22 736
      财务费用　　　　　　　　　　　　　　464
  D. 借：应付账款　　　　　　　　　23 200
    贷：银行存款　　　　　　　　　　　　　　22 800
      财务费用　　　　　　　　　　　　　　400

二、多项选择题

（　　）"其他应付款"的核算内容包括_____。

A．存入保证金 B．应付经营租入固定资产的租金
C．应付的购货运杂费 D．应付租入包装物的租金

三、判断题

（　　）1．如果货物已到而发票账单未到，由于无法确定应付账款的金额，所以不应作负债反映，也不需要在会计报表中披露。

（　　）2．应付账款时间的确定，应以所购买物资的所有权转移或接受劳务已发生为标志，即在企业取得所购货物的所有权或已接受劳务时确认应付账款。

练习 8-5

一、单项选择题

（　　）1．下列各项不属于"应付职工薪酬——职工福利"核算内容的是_____。
A．职工报销医药费 B．职工生活困难补助费
C．医务人员的工资 D．行政管理人员的工资

（　　）2．_____不能在应付职工薪酬账户中列支。
A．职工及供养直系亲属的医药费 B．食堂炊事用具的购置及修理费
C．退休职工的生活困难补助 D．独生子女补助费

（　　）3．从应付职工薪酬中代扣各种款项（包括养老保险金 2 000 元，个人所得税 1 000 元），所作会计分录为：_____
A．借：应付职工薪酬　　　　　　　　　　3 000
　　贷：其他应付款　　　　　　　　　　　　2 000
　　　　应交税费——应交个人所得税　　　　1 000
B．借：应付职工薪酬　　　　　　　　　　3 000
　　贷：应付职工薪酬——养老保险金（个人）　2 000
　　　　应交税费——应交个人所得税　　　　1 000
C．借：应付职工薪酬　　　　　　　　　　3 000
　　贷：其他应付款　　　　　　　　　　　　3 000
D．借：应付职工薪酬　　　　　　　　　　3 000
　　贷：其他应付款　　　　　　　　　　　　3 000

二、多项选择题

（　　）1．企业分配工资费用时，可能借记的科目有_____。
A．生产成本 B．制造费用 C．管理费用
D．销售费用 E．财务费用

（　　）2．应付职工薪酬可以用于职工的_____。
A．职工的医药费 B．生活福利部门人员的工资
C．医护人员的工资 D．职工生活困难补助
E．职工因公负伤赴外地就医路费

三、判断题

（　　）1. 包括在工资总额中的各种工资、津贴、奖金等，不论是否当日支付，均应计入"应付职工薪酬"账户核算。

（　　）2. 职工在规定期限内未领取的工资 500 元，由发放单位及时交回财务会计部门时，所作会计分录为：

　　　　借：库存现金　　　　　　　　　　　　　　　　500
　　　　　　贷：其他应收款　　　　　　　　　　　　　　　　500

四、计算分析题

甲企业 2017 年 5 月份"工资结算汇总表"如下：

部门	应付工资	非工资津贴		代扣款项						实发工资
		车贴	独生子女费	住房公积金	养老保险金	医疗保险金	失业保险金	工会经费	个人所得税	
生产工人	200 000	10 000	280	14 000	16 000	4 000	2 000	4 000	4 020	
车间管理	8 000	50 000	1 400	560	640	160	80	160	460	
行政管理部门	40 000	2 000	56	2 800	3 200	800	400	800	900	
销售部门	30 000	2 500	70	2 100	2 400	600	300	600	1 350	
合　计										

要求：

(1) 计算空格中的金额，并填入表中；

(2) 编制委托银行发放工资，发放工资包括职工车贴和独生子女补贴的会计分录；

会计分录用纸（代记账凭证）

日期	凭证号数	摘要	会计科目及子细目	过账	借方金额	贷方金额

(3) 编制以银行存款支付代扣个人所得税、结转代扣款项的会计分录；

会计分录用纸(代记账凭证)

日期	凭证号数	摘要	会计科目及子细目	过账	借方金额	贷方金额

(4) 编制分配工资分录。

会计分录用纸(代记账凭证)

日期	凭证号数	摘要	会计科目及子细目	过账	借方金额	贷方金额

练习 8-6

一、单项选择题

( ) 1. 增值税的基本税率是_____。
    A. 零税率   B. 11%   C. 16%   D. 20%

( ) 2. 小规模纳税企业增值税的征收率为_____。
    A. 8%   B. 10%   C. 7%   D. 3%

（　　）3. 增值税是对销售收入中_____部分进行征税的一种流转税。
　　A. 原材料成本　　　　　　　　B. 增值额
　　C. 人工成本　　　　　　　　　D. 应承担的销售成本

（　　）4. 某企业采用销售额和销项税额合并制定销售价格的方法，如果销售总价为81 200元，增值税适用税率为16%，则其不含税的销售额是_____元。
　　A. 60 000　　　B. 80 000　　　C. 78 000　　　D. 70 000

（　　）5. 某企业收购免税农产品，实际支付的价款为100 000元，按规定准予抵扣的进项税额为_____元。
　　A. 16 000　　　B. 11 000　　　C. 10 000　　　D. 8 547

（　　）6. 企业购入固定资产所负担的增值税额不能抵扣的应当计入_____。
　　A. 应交税费——应交增值税（销项税额）
　　B. 应交税费——应交增值税（进项税额）
　　C. 营业税金及附加
　　D. 固定资产或在建工程

（　　）7. 企业对其他单位捐赠而转出物资，其应交纳的增值税应计入_____。
　　A. 资本公积　　　　　　　　　B. 营业外支出
　　C. 营业税金及附加　　　　　　D. 其他业务成本

（　　）8. 一般纳税企业将一批生产用原材料200 000元用于在建工程，该原材料增值税率为16%，则企业应编制的会计分录为：_____
　　A. 借：在建工程　　　　　　　　　　　　　　200 000
　　　　　贷：原材料　　　　　　　　　　　　　　　　　200 000
　　B. 借：在建工程　　　　　　　　　　　　　　232 000
　　　　　贷：主营业务收入　　　　　　　　　　　　　200 000
　　　　　　　应交税费——应交增值税（销项税额）　　32 000
　　C. 借：库存商品　　　　　　　　　　　　　　232 000
　　　　　贷：原材料　　　　　　　　　　　　　　　　　200 000
　　　　　　　应交税费——应交增值税（销项税额）　　32 000
　　D. 借：固定资产　　　　　　　　　　　　　　200 000
　　　　　贷：原材料　　　　　　　　　　　　　　　　　200 000

（　　）9. 委托加工应纳消费税产品收回后，如用于继续加工生产应纳消费税产品的，其由受托方代扣代交的消费税，应计入_____。
　　A. 生产成本
　　B. 委托加工产品的成本
　　C. "应交税费——应交消费税"的借方
　　D. "应交税费——应交消费税"的贷方

（　　）10. 下列选项中，_____不通过"应交税费"科目核算。
　　A. 增值税　　　B. 消费税　　　C. 营业税　　　D. 印花税

（　　）11. 下列税费当中，不通过"营业税金及附加"科目核算的有_____。
　　A. 消费税　　　B. 资源税　　　C. 增值税　　　D. 教育费附加

（　　）12. 企业交纳房产税,土地使用税,车船使用税等应借记_____账户。
    A．其他业务成本　　　　　　　B．营业外支出
    C．管理费用　　　　　　　　　D．固定资产清理

二、多项选择题

（　　）1. 流转税的种类包括_____。
    A．增值税　　　　B．营业税　　　　C．资源税
    D．消费税　　　　E．关税

（　　）2. 增值税的主要征收范围是_____。
    A．销售货物　　　　　　　B．转让无形资产使用权
    C．销售不动产　　　　　　D．进口货物
    E．提供加工修理修配业务

（　　）3. 下列属于一般纳税企业对"应交税费——应交增值税"科目应设置的专栏有_____。
    A．进项税额　　　　B．销项税额　　　　C．进项税额转出
    D．转出未交增值税　E．已交税金

（　　）4. 下列项目中支付的增值税不予抵扣的有_____。
    A．购进非生产用设备　　　　B．购进用于非应税项目的物资
    C．购进用于免税项目的物资　D．向农户购进免税农产品
    E．购进的物资发生的非常损失

（　　）5. 小规模纳税企业与一般纳税企业在增值税核算时的主要区别是,小规模纳税企业_____。
    A．购进环节增值税不能抵扣
    B．销售货物或者应税劳务,必须开具普通发票
    C．征收率与一般纳税人不同
    D．即使收到增值税专用发票,也不能用作抵扣税额的依据

（　　）6. 应计入"管理费用"的税费有_____。
    A．房产税　　　　　B．城市维护建设税　　C．车船使用税
    D．印花税　　　　　E．土地使用税

（　　）7. 以下所列的税费当中,不通过"应交税费"科目核算的有_____。
    A．土地增值税　　　B．房产税　　　　　　C．印花税
    D．教育费附加　　　E．契税

三、判断题

（　　）1. 企业应交的增值税会增加企业的费用。
（　　）2. 企业上缴的所有税金都必须通过"应交税费"科目核算。
（　　）3. 企业在购入存货过程中支付的增值税并不是均能作进项税额核算的。
（　　）4. 一般纳税企业在交纳以前月份的应交增值税时,应编制的会计分录为:借记"应交税费——应交增值税(已交税金)"科目,贷记"银行存款"科目。

（　　）5. 企业出售房屋不动产应缴纳增值税。

（　　）6. 企业购入的货物用于免税项目的,其增值税专用发票上注明的增值税应计入所购货物的成本,不得作进项税额核算。

（　　）7. 小规模纳税企业购入货物已支付的增值税额,应计入所购货物的成本。

（　　）8. 销售货物发生退货时,销售方必须取得购货方当地税务机关有关凭证后,才能开具红字发票,作为双方扣减当期销项税额和进项税额的凭证。

四、计算分析题

1. 一般纳税企业销售某产品每件 116 元(含增值税),本次销售 1 万件,该产品的增值税税率为 16％,消费税税率为 5％,作出有关会计分录。

会计分录用纸（代记账凭证）

日期	凭证号数	摘要	会计科目及子细目	过账	借方金额	贷方金额

2. 某企业核定为小规模纳税生产企业,本期购入原材料,专用发票上记载售价 200 000 元,增值税 32 000 元,企业开出商业承兑汇票,材料尚未到达。该企业本期销售产品,开出一张普通发票,发票注明售价 3 180 000 元,货款尚未收到。假如该企业采用计划成本进行材料的日常核算。

要求：

根据上述资料,编制有关会计分录。

会计分录用纸（代记账凭证）

日期	凭证号数	摘要	会计科目及子细目	过账	借方金额	贷方金额

练习 8-7

判断题

（　　）企业在分配投资者利润时,应借记"应付股利"账户,贷记"利润分配"账户。

本章综合练习

一、思考题

什么是或有负债,请举出一个实例加以说明。什么情况下应当将或有负债确认为一项负债?（分组查找资料,汇总后在班级的学习园地中进行展示）

二、单项选择题

（　　）1. 我国会计实务中对流动负债一般是按照_____计价的。
　　A. 负债的实际发生额　　　　B. 未来应付金额的现值
　　C. 估计金额　　　　　　　　D. 未来应付金额扣除贴现期

（　　）2. 流动负债中,需支付利息的是_____。
　　A. 应付账款　　　　　　　　B. 预收货款
　　C. 短期借款　　　　　　　　D. 应付职工薪酬

三、多项选择题

（　　）1. 流动负债可以通过_____来进行偿还。
　　A. 支付现金　　　　　　　　B. 交付产品或商品
　　C. 提供劳务　　　　　　　　D. 转移其他资产
　　E. 举借新的负债

（　　）2. 其他应付款包括_____。
　　A. 应付租入固定资产租金　　B. 存入保证金
　　C. 应付职工的福利费　　　　D. 应付租入包装物租金

（　　）3. 下列税金可能计入营业税金及附加的有_____。
　　A. 增值税　　　　　　　　　B. 资源税
　　C. 城市维护建设税　　　　　D. 消费税

（　　）4. 企业发生的下列各项税费中,与企业当期损益无关的有_____。
　　A. 增值税　　　　　　　　　B. 消费税
　　C. 所得税　　　　　　　　　D. 代扣代缴个人所得税

(　　)5. 下列税金应在管理费用中列支的有＿＿＿＿。
　　A．土地使用税　　　　　　B．耕地占用税
　　C．土地增值税　　　　　　D．车船使用税

四、判断题

(　　)1. 流动负债均须支付利息,其利息费用计入财务费用账户核算。

(　　)2. "应付职工薪酬——工资"科目反映的内容,即为构成职工工资总额的内容。

(　　)3. 企业通过"应交税费"科目核算的都是应由本企业负担的税金。

五、计算分析题

1. 企业向银行借款 20 万,年利率 6%,到期一次还本付息,期限半年。

要求:

分别用按月计提和不计提利息的方法,编制取得借款、还本付息的会计分录,并说明两种核算方法的特点。

会计分录用纸(代记账凭证)

日期	凭证号数	摘要	会计科目及子细目	过账	借方金额	贷方金额

2. 通用公司 5 月份发生下列有关经济业务:

(1) 15 日,本月份委托银行发放的工资总额为 180 000 元,其中直接生产工人工资 80 000 元,车间管理人员工资 10 000 元,销售人员工资 30 000 元,厂部管理人员工资 40 000 元,医务、福利部门工资 20 000 元;

(2) 17 日,医务室购入药水棉花等零星医药用品一批,价款 500 元,当即签发转账支票付讫;

(3) 18 日,职工王某生活困难补助 300 元,以现金付讫;

(4) 19 日,职工报销医药费 500 元,以现金付讫;

(5) 20 日,公司附属健身房添置一批拖鞋、浴巾,价款 700 元,当即签发转账支票付讫。

要求：

根据上述经济业务编制会计分录。

会计分录用纸（代记账凭证）

日期	凭证号数	摘要	会计科目及子细目	过账	借方金额	贷方金额

3. 远洋公司为一般纳税企业，其产品适用的增值税率为16%，消费税税率为10%，无形资产转让业务适用的增值税税率为6%，其他未及事项均按税法有关规定处理。原材料采用实际成本法核算。有关经济业务如下：

(1) 购进生产用材料一批，买价100 000元，增值税16 000元，发票已到，材料已验收入库，货款尚未支付；

(2) 9月1日购进生产用材料一批，买价200 000元，增值税32 000元，款项使用商业汇票结算。签发并承兑的商业汇票面值为234 000元，期限为6个月，票面利率为6%。12月31日计提应付利息；

(3) 收购免税农产品一批，用作生产用材料，收购价为120 000元（农产品进项税扣除率为10%）；

(4) 向其他单位捐赠产品一批，成本80 000元，计税售价100 000元。并结转应交消费税（对外捐赠视同销售）；

(5) 在建工程领用产品一批，成本250 000元，计税售价300 000元。并结转应交消费税；

(6) 销售产品一批，售价1 000 000元，收到增值税160 000元，货款及增值税均已收到。并按销售收入的10%结转应交消费税；

(7) 以银行存款缴增值税71 000元，其中11 000元为上月份应交的增值税，60 000元为

本月份应交的增值税;

(8) 转让一项无形资产的所有权,其账面余额为 162 000 元,累计摊销余额为 2 000 元,转让收入为 200 000 元存入银行,增值税税率为 6%;

(9) 假设销售产品应交纳的城市维护建设税按 7% 税率计算为 3 500 元,请计算教育费附加的金额,并作出相应的会计分录。

要求:

根据以上经济业务编制会计分录。

会计分录用纸(代记账凭证)

日期	凭证号数	摘要	会计科目及子细目	过账	借方金额	贷方金额

第九章　非流动负债

重点难点与学习建议

◆ 本章重点是非流动负债的内容及长期借款的核算。建议明确非流动负债的内容,比较"长期借款"与"短期借款",掌握长期借款的取得、计息及还本付息的核算。

◆ 本章难点是长期借款的借款费用处理原则及应付债券的相关知识。建议只掌握生产经营借款费用的处理,熟悉应付债券的含义及发行方式,了解借款费用处理原则。

关键概念

非流动负债、长期借款、应付债券、长期应付款、专项应付款

练　习

练习9-1

一、单项选择题

（　　）1. 一年内到期的长期借款,在资产负债表上应_____。
　　A. 作为流动负债,并入短期借款
　　B. 作为流动负债,单独反映
　　C. 仍作为非流动负债列入报表,但应在报表附注中加以说明
　　D. 既不列为流动负债,也不列为长期负债,需单独列示

（　　）2. 以下属于非流动负债的是_____。
　　A. 应付职工薪酬　　　　　　　　B. 应付债券
　　C. 应付账款　　　　　　　　　　D. 应付票据

二、判断题

（　　）1. 非流动负债具有金额大、偿还期长的特点。
（　　）2. 我国现行《企业会计准则》规定,长期负债应按未来现金流量的现值入账。
（　　）3. 专项应付款属于流动负债。

练习 9-2

一、单项选择题

（　　）1. 偿还到期付息长期借款利息时,其会计处理应为：_____。
　　A. 借记"应付利息"科目,贷记"银行存款"科目
　　B. 借记"财务费用"科目,贷记"银行存款"科目
　　C. 借记"长期借款"科目,贷记"银行存款"科目
　　D. 借记"财务费用"科目,贷记"长期借款"科目

（　　）2. 在生产经营期间,与购建固定资产有关的借款费用,不符合资本化条件的,应计入_____。
　　A. 财务费用　　B. 制造费用　　C. 管理费用　　D. 在建工程

二、多项选择题

（　　）下列各科目中,在计提长期借款利息时,可能涉及的有_____。
　　A. 在建工程　　B. 财务费用　　C. 管理费用　　D. 应付利息

三、判断题

（　　）1. 长期借款利息计提时,应贷记"预提费用"账户。
（　　）2. 复利计息是指只有本金计息,而利息不计息。

四、计算分析题

某企业于 2015 年 1 月 1 日向银行借入资金 500 000 元,用于生产周转,该笔借款期限为 3 年,借款年利率 8%,单利计息,每年年底偿还借款利息,本金到期一次还清。

要求：

根据上述资料,编制如下会计分录。
(1) 取得借款时；
(2) 计算第一年利息,并作分录；
(3) 偿还第一年借款利息时；
(4) 计算第二年借款利息,并作分录；
(5) 偿还第二年借款利息时；
(6) 计算第三年利息,并作分录；
(7) 到期偿还本金和第三年利息时。

会计分录用纸（代记账凭证）

日期	凭证号数	摘要	会计科目及子细目	过账	借方金额	贷方金额

(续表)

日期	凭证号数	摘要	会计科目及子细目	过账	借方金额	贷方金额

练习 9-3

一、单项选择题

（　　）1. 一般认为，债券发行价格低于债券面值的主要原因在于_____。
　　A. 债券的票面利率等于市场利率　　B. 债券的票面利率低于市场利率
　　C. 债券的票面利率高于市场利率　　D. 单位债券的面值大小

（　　）2. 对于债券发行者而言，债券溢价的实质是_____。
　　A. 以后按票面利率多付利息而预先得到的补偿
　　B. 为以后按票面利率多得利息而预先付出的代价
　　C. 为以后按票面利率少付利息而预先付出的代价
　　D. 为以后按票面利率少得利息而预先得到的补偿

（　　）3. 企业采用补偿贸易方式从国外引进设备时发生的用人民币支付的进口关税，应计入_____。
　　A．引进设备的价值　　　　　　B．当期的管理费用
　　C．当期的其他业务支出　　　　D．当期的财务费用

（　　）4. 融资租入固定资产应付租赁费，应作为非流动负债，计入_____科目。
　　A．其他应付款　　B．应付账款　　C．长期应付款　　D．长期借款

二、多项选择题

（　　）1. "应付债券"科目贷方反映的内容包括_____。
　　A．应付债券面值　　　　　　B．发行债券溢价
　　C．发行债券折价　　　　　　D．债券折价的摊销

（　　）2. "应付债券"科目下设置的主要明细账户有_____。
　　A．债券面值　　B．应计利息　　C．债券溢价　　D．债券折价

（　　）3. "长期应付款"核算的主要内容包括_____。
　　A．企业超过1年仍未支付的应付账款
　　B．各种长期负债的应付利息
　　C．采用补偿贸易方式引进国外设备应付的价款
　　D．融资租入固定资产应付的租赁费

本章综合练习

一、思考题

债券知识知多少？（分组查找资料，汇总后在班级的学习园地中展示）

二、单项选择题

（　　）1. 应付到期付息长期借款的利息应贷记_____账户核算。
　　A．应付利息　　B．长期借款　　C．财务费用　　D．短期借款

（　　）2. 企业发行债券时，如果市场利率大于票面利率，会_____发行。
　　A．溢价　　　　B．折价　　　　C．平价　　　　D．溢价或折价

(   ) 3. 为购建固定资产而发生的长期负债的利息费用,以下处理正确的是_____。
    A. 全部计入当期损益
    B. 全部计入固定资产的价值
    C. 全部计入长期待摊费用
    D. 根据不同情况,分别计入管理费用、在建工程和财务费用

三、多项选择题

(   ) 1. 下列项目中属于非流动负债的有_____。
    A. 长期借款　　　　　　　　B. 应付票据
    C. 融资租入固定资产应付款　　D. 应付债券

(   ) 2. 长期借款所发生的利息费用,根据长期借款的使用方向,可以将其直接借记_____账户。
    A. 财务费用　　　　　　　　B. 在建工程
    C. 管理费用　　　　　　　　D. 销售费用

(   ) 3. 下列交易或事项中,应在"长期应付款"中核算的有_____。
    A. 购入原材料应支付的货款
    B. 融资租入固定资产的应付租赁费
    C. 采用补偿贸易方式从国外引进设备的应付款项
    D. 向银行借入的期限在1年以上的借款

(   ) 4. 企业债券可以按_____发行。
    A. 溢价　　B. 折价　　C. 平价　　D. 任意价

四、判断题

(   ) 1. 当债券的票面利率高于发行时的市场利率,应折价发行债券;反之,当债券的票面利率低于发行时的市场利率,应溢价发行债券。

(   ) 2. 债券的溢价发行或折价发行,是债券发行企业在债券存续期内对利息费用的一种调整。

(   ) 3. 企业在筹建期间所发生的不应计入固定资产价值的长期借款利息费用应计入"财务费用"。

五、计算分析题

B公司2015年1月1日从银行借入10万元,用于生产经营周转,年利率6%,单利计息,借款期限3年,2017年12月31日到期一次还本付息。该企业每月末登记计提的借款利息。

要求:
编制借款取得、计提利息、归还本息的会计分录。

会计分录用纸(代记账凭证)

日期	凭证号数	摘要	会计科目及子细目	过账	借方金额	贷方金额

第十章 所有者权益

重点难点与学习建议

◆ 本章重点是实收资本和盈余公积。建议明确所有者权益的内容,通过主要业务核算的阅读、听讲及训练,掌握实收资本增加的核算,掌握盈余公积计提和使用的核算。

◆ 本章难点是资本公积。资本的内容较多,有一定难度,建议在全面了解的基础上重点把握资本溢价的核算。

关键概念

所有者权益、实收资本、资本公积、法定盈余公积、任意盈余公积、未分配利润、留存收益

练 习

练习 10-1

一、单项选择题

(　　) 1. 所有者权益在数量上表现为_____的净额。
  A. 资产总额减去负债总额
  B. 流动资产总额减去流动负债总额
  C. 资产总额减去非流动负债总额
  D. 非流动资产总额减去非流动负债总额

(　　) 2. 所有者权益是企业投资者对企业_____的所有权。
  A. 全部资产   B. 剩余权益
  C. 净利润   D. 各种长期资产

二、多项选择题

(　　) 1. 所有者权益包括_____。
  A. 资本公积   B. 盈余公积
  C. 其他综合收益   D. 未分配利润
  E. 实收资本

(　　) 2. 所有者权益和负债之间存在着明显的区别,主要的区别有_____。

A．性质不同 B．负担经济责任的对象不同
C．偿还的期限不同 D．产生的效益不同
E．享受的权利不同

（　）3. 所有者权益与负债相比，它有_____特点。
A．数量上等于企业资产总额减去负债总额后的净额
B．产生于权益性投资行为
C．置后于债权人权益
D．没有固定的偿还期限和偿还金额
E．具有比债权人权益更大的风险

三、判断题

（　）1. 无论企业的组织形式如何，在会计核算上对所有者投入资本的会计核算方法应该相同。

（　）2. 由于所有者权益和负债都是对企业资产的要求权，因此他们的性质是一样的。

（　）3. 所有者权益投资者的投资收益与企业经营的好坏密切相关，而债权人的投资收益与企业经营好坏无关。

（　）4. 所有者权益是投资者对企业的一项无期限的投资，而债权人权益仅是投资者一项暂时性的投资。

练习 10-2

一、单项选择题

（　）1. 企业接受投资者投入的固定资产，实收资本账户按照_____计价。
A．原账面价值 B．重置价值
C．现行市价 D．合同或协议约定价

（　）2. 不同组织形式的企业在所有者权益的核算上是有差异的，其区别主要在于对_____的核算上。
A．实收资本 B．资本公积
C．盈余公积 D．未分配利润

（　）3. 企业接受_____投资，国家规定有比例限制。
A．银行存款 B．存货
C．固定资产 D．无形资产

二、多项选择题

（　）投入资本按投资形式分_____。
A．库存现金 B．银行存款 C．实物资产
D．长期借款 E．无形资产

三、判断题

( ) 1. 企业接受固定资产投资,固定资产按投资双方确认的价值入账。

( ) 2. 所有者向企业投入的资本,在一般情况下不需偿还,并可长期周转使用。

练习 10-3

一、单项选择题

( ) 1. 有限责任公司在增资扩股时,投资者缴纳的出资额大于其在认缴注册资本中所占的份额部分,应计入_____科目。

  A．实收资本   B．股本
  C．资本公积   D．盈余公积

( ) 2. 接受投资人投资引起企业权益的增加,应作为_____处理。

  A．实收资本   B．其他业务收入
  C．本年利润   D．资本公积

( ) 3. 某有限责任公司甲、乙、丙三位股东各出资 50 万元。设立时的实收资本为 150 万元,3 年后盈利。若此时丁投资者有意加入该企业,并想取得与原投资者相同的投资比例,其出资 65 万元。在接受丁的投资时,应作会计分录如下:

  A．借:银行存款   650 000
    贷:实收资本   650 000
  B．借:银行存款   650 000
    贷:实收资本   600 000
      资本公积   50 000
  C．借:银行存款   650 000
    贷:实收资本   500 000
      资本公积   150 000
  D．借:银行存款   650 000
    贷:实收资本   400 000
      资本公积   250 000

( ) 4. 资本溢价是指_____。

  A．投资者实际出资额超过企业认缴注册资本的数额
  B．企业认缴注册资本超过投资者实际出资额的数额
  C．接受投资的资产的评估价值高于投出单位账面原价的数额
  D．企业除接受正常投资之外取得的资本来源,如接受捐赠

( ) 5. 资本公积最主要的用途是_____。

  A．转增资本   B．弥补亏损
  C．向其他单位捐赠资产   D．向股东支付股利

二、多项选择题

( ) "资本公积"科目在_____情况下可能会发生借方发生额。

A. 资本溢价   B. 资本公积补亏
C. 溢价部分可转增资本   D. 接受捐赠的资产

三、判断题

（　　）1. 资本公积的形成与企业的净利润无关。

（　　）2. 相同数量的投资，如果由于出资时间不同，其在企业中所享有的权利也不同。

（　　）3. 企业的资本公积均可转增资本。

四、计算分析题

2017年光明厂的投资者决定扩大生产经营规模，经批准将认缴注册资本扩充到200万元，部分经济业务如下：

(1) 2月1日，华天厂投入土地使用权，投资各方确认其价值为300 000元，投入资金占企业认缴注册资本的12%；

(2) 2月5日，国家通过财政拨入现款150 000元，以增加其投资额，现款已存入银行，投入的资金占企业认缴注册资本的7%。

要求：

根据以上经济业务编制会计分录。（假设不考虑相关税费）

会计分录用纸（代记账凭证）

日期	凭证号数	摘要	会计科目及子细目	过账	借方金额	贷方金额

练习 10-4

一、单项选择题

( ) 1. 盈余公积是企业从_____中提取的公积金。
　　A．营业利润　　B．本年利润　　C．税后利润　　D．销售利润

( ) 2. 企业以盈余公积转增资本时,转增资本后留存的盈余公积不得少于认缴注册资本的_____。
　　A．20%　　B．15%　　C．25%　　D．50%

( ) 3. 当法定盈余公积金已达注册资本的_____时,可不再提取。
　　A．10%　　B．20%　　C．25%　　D．50%

( ) 4. 企业用盈余公积或资本公积转增资本,_____。
　　A．会导致所有者权益的增加
　　B．会导致所有者权益减少
　　C．不会引起所有者权益总额及其结构的变化
　　D．不会引起所有者权益总额的变化,但会导致其结构的变动

( ) 5. 目前,我国公司制企业的法定盈余公积是按照净利润的_____提取的。
　　A．5%　　B．10%　　C．15%　　D．20%

( ) 6. 某企业现有认缴注册资本 100 万元,法定盈余公积的余额为 48 万元,可用于转增资本的数额为_____万元。
　　A．50　　B．40　　C．30　　D．20

( ) 7. 盈余公积弥补亏损时,其会计处理是:_____。
　　A．借记"盈余公积"科目,贷记"本年利润"科目
　　B．借记"利润分配"科目,贷记"盈余公积"科目
　　C．借记"盈余公积"科目,贷记"利润分配"科目
　　D．不作账务处理

二、多项选择题

( ) 1. 留存收益包括_____。
　　A．实收资本　　B．资本公积　　C．盈余公积
　　D．应付股利　　E．未分配利润

( ) 2. 盈余公积是指企业按照规定从净利润中提取的积累资金,从用途上看,它包括_____。
　　A．法定盈余公积　　　　B．任意盈余公积
　　C．应付股利　　　　　　D．应付福利费

( ) 3. 盈余公积减少是由于_____。
　　A．用盈余公积对外捐赠　　B．用盈余公积转增资本
　　C．用盈余公积弥补亏损　　D．用盈余公积派发股利
　　E．用盈余公积调节损益

( ) 4. 企业弥补亏损的渠道主要有_____。

　　　　A. 用以后年度税前利润弥补　　　　B. 用以后年度税后利润弥补
　　　　C. 用盈余公积弥补　　　　　　　　D. 用实收资本弥补
（　　）5. 法定盈余公积的用途主要有_____。
　　　　A. 用于集体福利设施　　　　　　　B. 弥补亏损
　　　　C. 转增资本　　　　　　　　　　　D. 对外投资

三、判断题

（　　）法定盈余公积金达到认缴注册资本的50%时，不应再提取。

四、计算分析题

海华公司2017年发生以下有关业务：

(1) 本年度实现净利润2 000 000元，以前年度未弥补的亏损50万元按10%提取法定盈余公积；

(2) 用法定盈余公积弥补以前年度亏损50万元。

要求：

根据上述资料编制有关会计分录。

会计分录用纸（代记账凭证）

日期	凭证号数	摘要	会计科目及子细目	过账	借方金额	贷方金额

练习10-5

一、单项选择题

（　　）1. 年终企业净亏损时，会计处理为：_____。
　　　　A. 借：未分配利润
　　　　　　　贷：本年利润
　　　　B. 借：本年利润
　　　　　　　贷：未分配利润

C. 借:利润分配——未分配利润
   贷:本年利润
D. 借:本年利润
   贷:利润分配——未分配利润

（　　）2. 海洋公司2017年实现净利润300万元,按规定提取税后利润的10％为法定盈余公积,8％为法定公益金,公司向投资者分配利润30万元,海洋公司2017年度"利润分配——未分配利润"的账户余额为_____。

A. 借方金额246万元
B. 贷方金额246万元
C. 借方金额186万元
D. 贷方金额216万元

二、多项选择题

（　　）1. 留存收益包括_____。
A. 法定盈余公积
B. 任意盈余公积
C. 应付股利
D. 未分配利润

（　　）2. 未分配利润是企业已实现的税后利润经过_____后留存在企业的、历年结存的净利润。
A. 弥补亏损
B. 提取盈余公积
C. 向投资者分配利润
D. 宣布向投资者分配现金股利
E. 宣布向投资者分配股票股利

三、判断题

（　　）1. "利润分配"账户属损益类账户,所以该账户期末无余额。
（　　）2. 资产负债表中的未分配利润金额应与利润分配表中的未分配利润金额一致。

本章综合练习

一、思考题

我国有关法律规定企业的资本一般不得随意变动,请查找资料,说明企业增资、企业减资的各种情况,并且和你的同学交流学习成果。

二、单项选择题

（　　）1. 某企业上年未分配利润为 60 000 元，本年税后利润为 30 000 元，按照规定提取 10% 的法定盈余公积后，又向投资者分配利润 40 000 元，则该企业年末未分配利润为 _____ 元。

  A．30 000　　　　B．45 000　　　　C．47 000　　　　D．50 000

（　　）2. "利润分配——未分配利润"明细科目的借方余额，表示_____。

  A．未分配利润　　　　　　　　B．未弥补亏损
  C．结存的公益金　　　　　　　D．结存的盈余公积

（　　）3. 企业所有者权益中的未分配利润是指_____。

  A．本年实现利润中的未分配部分
  B．历年实现利润中的未分配部分
  C．以前年度的盈余公积转入的准备弥补亏损的部分
  D．实收资本所有增值额中未分配的部分和盈余公积之和

（　　）4. 某企业本年度发生亏损，按规定可以用以后年度实现利润进行弥补，则该企业在以后年度实际弥补时应作的会计处理是：_____。

  A．借：利润分配——弥补以前年度亏损
  　　　贷：利润分配——未分配利润
  B．借：盈余公积
  　　　贷：利润分配——未分配利润
  C．借：利润分配——弥补以前年度亏损
  　　　贷：应弥补亏损
  D．不做账务处理

（　　）5. 企业成立时在工商行政管理部门登记的认缴注册资金称_____。

  A．资本　　　　B．现金　　　　C．资本金　　　　D．基金

（　　）6. 资本溢价应在_____账户进行账务处理。

  A．实收资本　　　　　　　　B．资本公积
  C．盈余公积　　　　　　　　D．本年利润

（　　）7. 实现净利润的企业从税后利润中提取的各种积累被称为_____。

  A．资本公积　　　　　　　　B．住房公积金
  C．偿债基金　　　　　　　　D．盈余公积

三、多项选择题

（　　）1. 对投入资本的会计核算，应设置"实收资本"科目的企业有_____。

  A．国有独资企业　　　　　　B．有限责任公司
  C．股份有限公司　　　　　　D．国有商业企业

（　　）2. 下列项目中，可能引起法定盈余公积发生增减变化的业务有_____。

  A．提取盈余公积　　　　　　B．捐赠支出
  C．以盈余公积弥补企业亏损　　D．购买职工宿舍

（　　）3. 下列项目中,不能同时引起资产和所有者权益发生增减变动的项目有_____。
    A．投资者投入资本　　　　　　B．用盈余公积弥补亏损
    C．用资本公积转增资本　　　　D．计提盈余公积

（　　）4. 投入资本一般可分为_____。
    A．国家资本　　　　　　　　　B．法人资本
    C．外商资本　　　　　　　　　D．个人资本

四、判断题

（　　）1. 企业的"留存收益"包括盈余公积和未分配利润。

（　　）2. 仅影响所有者权益这一要素结构变动的项目是:用盈余公积弥补亏损、用盈余公积转增资本、用盈余公积分配现金股利。

（　　）3. 将资本公积转增资本时,会引起资产的增加、资本公积的减少。

（　　）4. 未分配利润是用来核算企业利润积累状况的科目。

五、计算分析题

(1) 中兴公司 2016 年税后利润为 2 000 000 元,公司董事会决定按 10% 提取法定盈余公积,分派现金股利 500 000 元;

(2) 中兴公司现有股东情况如下:A 公司占 25%,B 公司占 30%,C 公司占 10%,D 公司占 5%,其他占 30%。经公司股东大会决议,以盈余公积 500 000 元转增股本,并已办妥转增手续;

(3) 2016 年中兴公司亏损 400 000 元,决议以盈余公积补亏;

(4) 以资本公积 50 000 元转增资本。

要求:

根据以上资料,作有关会计分录。

会计分录用纸(代记账凭证)

日期	凭证号数	摘要	会计科目及子细目	过账	借方金额	贷方金额

(续表)

日期	凭证号数	摘要	会计科目及子细目	过账	借方金额	贷方金额

第十一章 收入、费用和利润

重点难点与学习建议

◆ 本章重点是商品销售收入、期间费用、营业外收支及利润构成。建议通过认真听讲,独立完成随堂练习,掌握分期收款发出商品,带有现金折扣的销售,销售折让,销售退回,预收款销售等商品销售基本业务的核算,掌握期间费用的判断及核算,掌握营业外收入和营业外支出的核算内容。

◆ 本章难点是所得税的核算和利润的核算,建议多阅读,在理解的基础上多练习。

关键概念

收入、分期收款发出商品、预收账款、现金折扣、销售折让、销售退回、费用、期间费用、管理费用、销售费用、财务费用、利润、营业收入、营业成本、营业利润、利润总额、净利润、所得税、应纳税所得额、营业外收入、营业外支出

练习

练习 11-1

一、单项选择题

( ) 1. 下列各项中,不属于收入的是_____。
   A. 罚款取得的现金   B. 提供劳务所取得的价款
   C. 销售商品所取得的价款   D. 出租包装物所取得的租金收入

( ) 2. 下列项目中属于其他业务收入的是_____。
   A. 罚款收入   B. 出售无形资产收入
   C. 多余原材料销售收入   D. 出售固定资产收入

二、多项选择题

( ) 1. 营业税金及附加包括_____。
   A. 消费税   B. 增值税
   C. 教育费附加   D. 城市维护建设税

( ) 2. 按照收入业务主次性质分类,收入可分为_____。

A．劳务收入
B．其他业务收入
C．商品销售收入
D．提供他人使用本企业资产而取得的收入

（　　）3．我国现行《企业会计准则》规定，销售商品收入确认时，必须同时满足的条件是_____。

A．相关的收入和成本能够可靠地计量
B．与交易相关的经济利益能够流入企业
C．企业已将商品所有权上的主要风险和报酬转移给买方
D．企业既没有保留通常与所有权相联系的继续管理权，也没有对已售出的商品实施控制

（　　）4．下列各项中，应当确认为收入的有_____。

A．销售商品收取的增值税销项税额
B．旅行社代客户购买飞机票收取的款项
C．已过退货期限的商品销售收到的货款
D．委托代销商品收到附有代销清单的代销款

（　　）5．企业取得的下列款项中，符合"收入"会计要素定义的有_____。

A．出租固定资产收取的租金　　　B．出售固定资产取得的净收益
C．出售原材料收取的价款　　　　D．出售自制半成品收取的价款

（　　）6．下列各项中应计入其他业务成本的有_____。

A．随同商品出售但不单独计价的包装物成本
B．随同商品出售单独计价的包装物成本
C．领用的用于出借的包装物成本
D．对外销售的原材料成本

三、判断题

（　　）1．对于附有销售退回条件的商品销售，如果企业不能合理地确定退货的可能性，则应在退货期满时确认收入。

（　　）2．收入能否可靠计量，是确认收入的基本前提之一。

（　　）3．采用预收货款方式销售商品的情况下，应当在收到货款时确认收入的实现。

（　　）4．委托其他单位代销商品的情况下，应当在收到代销单位的货款后确认收入的实现。

练习 11-2

一、单项选择题

（　　）1．企业为了提高市场占有率而发生的业务招待费，应计入_____账户。

A．管理费用　　B．销售费用　　C．营业外支出　　D．其他业务成本

（　　）2．下列费用中不属于管理费用列支的是_____。

A．技术转让费 B．无形资产摊销
C．计提坏账准备 D．印花税

（　　）3. 下列费用中不属于销售费用的是_____。
A．广告费 B．展览费
C．业务招待费 D．本企业负担的销售运杂费

二、多项选择题

（　　）1. 下列账户中，期末没有余额的是_____。
A．销售费用　　B．财务费用　　C．生产成本　　D．制造费用

（　　）2. 下列费用中，最终归集到"生产成本"账户的有_____。
A．管理费用　　B．制造费用　　C．直接材料费　　D．直接人工费

（　　）3. 下列各项中，应计入销售费用的有_____。
A．随同商品出售不单独计价的包装物成本
B．随同商品出售单独计价的包装物成本
C．已分期摊销的出租包装物成本
D．分期摊销的出借包装物成本

三、判断题

（　　）1. 车间管理费用和厂部管理费用均应作为期间费用处理。

（　　）2. 在编制工资分配会计分录时，生产工人工资费用应计入"制造费用"账户。

（　　）3. 销售机构人员的工资费用属于管理费用。

练习 11-3

一、单项选择题

（　　）1. 甲企业 4 月商品销售收入为 20 万元，该月发生销售退回 50 000 元，销售折让 15 000 元，月末填制利润表时，营业收入项目填列_____元。（假设其他业务收入为 0）
A．150 000　　B．200 000　　C．135 000　　D．185 000

（　　）2. 下列各项税费中，与企业利润总额无关的是_____。
A．印花税　　B．消费税　　C．所得税　　D．教育费附加

（　　）3. 下列项目中，不属于营业外收入的是_____。
A．罚款收入 B．固定资产出售净收入
C．商标权转让收入 D．资本溢价

二、多项选择题

（　　）1. 下列各项中会导致企业当期营业利润减少的有_____。
A．出售无形资产发生的净损失 B．计提行政管理部门固定资产折旧
C．办理银行承兑汇票支付的手续费 D．资产减值损失

(　　) 2. 下列项目中,应计入营业外支出的有_____。
　　　A. 非常损失　　　　　　　　B. 固定资产盘亏损失
　　　C. 捐赠支出　　　　　　　　D. 超过规定限额的业务招待费
(　　) 3. 构成并影响营业利润的项目有_____。
　　　A. 营业收入　　　　　　　　B. 营业税金及附加
　　　C. 投资收益　　　　　　　　D. 管理费用和财务费用

三、判断题

(　　) 1. 营业外收入、管理费用都会影响企业的营业利润。
(　　) 2. 销售材料收入属于营业外收入。
(　　) 3. 所得税费用会影响利润总额。
(　　) 4. 管理费用会影响营业利润。
(　　) 5. 会计利润与应纳税所得额之间无差异时,企业的所得税费用等于应交所得税。

四、计算分析题

1. S公司全年利润总额为900万元,本年收到的国库券利息收入为6万元,超标的工资10万元,超标业务招待费80万元,所得税税率为25%。假如本年内无其他纳税调整因素。
   要求:
   计提所得税并进行会计处理。

2. 甲企业2016年末的未分配利润为16万元。2017年实现净利润85万元,按10%提取法定盈余公积,并分配投资者利润30万元。
   要求:
   根据上述资料,编制有关2017年利润分配的会计分录,并计算2017年的未利润分配。

会计分录用纸(代记账凭证)

日期	凭证号数	摘要	会计科目及子细目	过账	借方金额	贷方金额

(续表)

日期	凭证号数	摘要	会计科目及子细目	过账	借方金额	贷方金额

本章综合练习

一、思考题

简述委托代销的核算。(分组查找资料,汇总后在班级的学习园地中展示)

二、单项选择题

( ) 1. 采用托收承付结算方式销售商品时,销售收入的入账时间为_____。
    A. 商品发出,并开出发票账单时
    B. 商品发出时
    C. 商品发出,发票等账单提交银行办妥托收手续时
    D. 收到货款时

( ) 2. 企业销售商品时,以下各项税金不应在"营业税金及附加"账户核算的是_____。
    A. 消费税   B. 资源税   C. 教育费附加   D. 增值税

( ) 3. 下列项目中,属于企业其他业务收入的是_____。
    A. 罚款收入   B. 出售固定资产收入
    C. 包装物租金收入   D. 保险赔偿收入

( ) 4. 按现行会计制度规定,企业发生的销售折让应_____。
    A. 直接冲减主营业务收入   B. 计入财务费用
    C. 增加主营业务成本   D. 不作账务处理

( ) 5. 在下列项目中,属于营业外收入的是_____。
    A. 技术出售收入   B. 出租包装物的收入
    C. 提供劳务收入   D. 代销商品的收入

( ) 6. 企业的营业外支出不包括_____。
    A. 处置固定资产净损失   B. 罚款支出
    C. 处置固定资产净收益   D. 计提的存货跌价准备

三、多项选择题

（   ）1. 管理费用指企业行政管理部门为管理和组织经营活动发生的各项费用,包括_____。
   A．车船使用税　　　　　　B．坏账损失
   C．无形资产摊销　　　　　D．技术转让费

（   ）2. 企业的营业收入包括_____。
   A．销售产品取得的收入　　B．出租固定资产的收入
   C．出售固定资产的收入　　D．出租包装物的收入

（   ）3. 影响企业营业利润的因素有_____。
   A．投资收益　　　　B．管理费用　　　　C．其他业务成本
   D．财务费用　　　　E．主营业务成本

（   ）4. 需要通过"利润分配"账户进行核算的内容包括_____。
   A．弥补以前年度亏损　　B．向投资者分配利润　　C．应交所得税
   D．提取盈余公积　　　　E．提取公益金

（   ）5. 企业的盈余公积可用于_____。
   A．转增资本　　　　　B．发放奖金　　　　C．弥补亏损
   D．职工福利开支　　　E．向投资者分配现金股利

四、判断题

（   ）1. 转让无形资产、销售原材料取得的营业收入均应交纳增值税。

（   ）2. 期间费用账户的借方发生额应于期末时采用一定的方法分配计入产品成本。

（   ）3. 在供应过程中支付的各项采购费用,不构成材料的采购成本,故将其计入"期间费用"账户。

（   ）4. 利润分配的程序可由企业自行制定。

五、计算分析题

1. A 企业采用分期收款方式向某企业销售产品一批,价款为 50 000 元,合同约定分五期平均付款。该产品成本为 40 000 元,增值税率为 16%,A 企业为一般纳税人。

要求：

编制 A 企业有关销售业务的会计分录。

会计分录用纸（代记账凭证）

日期	凭证号数	摘要	会计科目及子细目	过账	借方金额	贷方金额

(续表)

日期	凭证号数	摘要	会计科目及子细目	过账	借方金额	贷方金额

2. 某企业本月销售产品一批,销售价款为 3 074 000 元(含应向购货方收取的增值税)产品已经发出,货款尚未收到。假如该产品的增值税率为 16%。

要求:
计算企业应收取的增值税额,并作出有关的会计处理。

3. 某企业为一般纳税人,6 月份发生如下经济业务:

(1) 销售产品 200 件,每件售价 320 元,成本 200 元,该企业采用交款提货销售方式,已将提货单和发票账单交给购货单位,并收到购货方转账支票存入银行;

(2) 采用托收承付结算方式向外地销售一批产品,售价总额为 50 000 元(不含增值税),产品成本为 35 000 元,代垫运杂费 1 600 元,已办妥托收手续;

(3) 采用分期收款结算方式销售产品一批,价值 600 000 元,分 5 个月收款,每月收取价款的 20%,当月已收到 20%的价款。该批产品成本为售价的 75%;

(4) 上年度售出的产品因质量问题发生退货,产品售价为 15 000 元,增值税为 2 400 元,成本为售价的 70%,退回产品已经入库,并开出支票,退还货款和增值税;

(5) 开出转账支票支付广告费 5 600 元;

(6) 本月发生捐赠支出为 22 000 元,已用银行存款支付;

(7) 计算本月实现的利润总额,并转入"本年利润"账户。

要求:
根据以上资料,编制有关会计分录。

会计分录用纸(代记账凭证)

日期	凭证号数	摘要	会计科目及子细目	过账	借方金额	贷方金额

(续表)

日期	凭证号数	摘要	会计科目及子细目	过账	借方金额	贷方金额

第十二章 财务会计报告

重点难点与学习建议

◆ 本章重点是资产负债表和利润表及利润分配表的编制。建议认真观察资产负债表和利润表,熟悉各项目的排列及名称,掌握资产负债表相关项目的填制,掌握利润表各项指标的填列及计算,掌握利润分配表的编制。

◆ 本章难点是资产负债表部分项目的填列及会计报表附注的内容。建议通过多阅读,认真听讲,独立完成练习,掌握资产负债表部分项目的填制及其他知识。

关键概念

财务会计报告、会计报表、资产负债表、利润表、利润分配表、会计报表附注

练 习

练习 12-1

一、多项选择题

( ) 1. 完整的财务会计报告包括_____。
　　　 A. 会计报表　　　　　　　　B. 会计报表附注
　　　 C. 其他需要披露的信息资料　　D. 财务分析报表

( ) 2. 季度、月度财务会计报告通常仅指会计报表,此时会计报表至少应当包括_____。
　　　 A. 资产负债表　B. 利润表　C. 利润分配表　D. 现金流量表

( ) 3. 下列各项中,称会计中期的有_____。
　　　 A. 年度　　　B. 半年度　　　C. 季度　　　D. 月度

二、判断题

( ) 1. 财务会计报告就是财务会计报表。
( ) 2. 会计报表是财务会计报告的核心。
( ) 3. 财务会计报告所提供的资料及数据必须以企业实际发生的经济业务为基础,不得弄虚作假。

练习 12-2

一、单项选择题

(　　) 1. 反映企业在某一特定日期财务状况的报表是_____。
　　A．资产负债表　　B．利润表　　C．利润分配表　　D．现金流量表

(　　) 2. 以下项目中,属于资产负债表中流动负债项目的是_____。
　　A．长期借款　　B．预付款项　　C．预收款项　　D．应付债券

(　　) 3. "预付账款"科目明细账中若有贷方余额,应将其计入资产负债表中的_____项目。
　　A．应收账款　　B．预收款项　　C．应付账款　　D．其他应付款

(　　) 4. "应收账款"科目明细账中若有贷方余额,应将其计入资产负债表中的_____项目。
　　A．应收账款　　B．预收款项　　C．应付账款　　D．其他应付款

(　　) 5. 资产负债表中的"未分配利润"项目,应根据_____填列。
　　A．"利润分配"科目余额
　　B．"本年利润"科目余额
　　C．"本年利润"和"利润分配"科目的余额计算后
　　D．"盈余公积"科目余额

(　　) 6. 资产负债表的下列项目中,只需要根据一个总分类账账户就能填列的项目是_____。
　　A．货币资金　　B．实收资本　　C．预付款项　　D．预收款项

二、多项选择题

(　　) 1. 资产负债表中的应付账款项目应根据_____填列。
　　A．应付账款所属明细账贷方余额合计
　　B．预付账款所属明细账贷方余额合计
　　C．应付账款总账余额
　　D．应付账款所属明细账借方余额合计

(　　) 2. 按照现行《企业会计准则》规定,在资产负债表中应作为"存货"项目列示的有_____。
　　A．生产成本　　B．在途物资　　C．工程物资　　D．发出商品

(　　) 3. 资产负债表的数据来源,可以通过以下几种方式获得_____。
　　A．直接从总账科目的余额获得
　　B．根据明细科目的余额分析获得
　　C．根据几个总账科目的余额合计获得
　　D．根据有关科目的余额分析获得

(　　) 4. 资产负债表中的"应收账款"项目应根据_____填列。
　　A．应收账款所属明细账借方余额合计

B．预收账款所属明细账借方余额合计

C．按应收账款余额百分比法计提的坏账准备科目的贷方余额

D．应收账款总账科目借方余额

三、判断题

（　　）1．资产负债表是反映企业某一会计期间财务状况的报表。

（　　）2．资产负债表编制的理论依据是"收入－费用＝利润"。

（　　）3．资产负债表中的资产项目是按流动性从大到小进行排列的。

（　　）4．" 预收款项"项目列示于资产负债表的资产项目中。

四、计算分析题

A 企业 2017 年 1 月 31 日有关账户的期末余额如下：

科目	借方余额(元)	科目	贷方余额(元)
库存现金	2 180	应付账款	32 000
银行存款	400 000	长期借款	230 000
应收账款	26 000	预收账款	300
		累计折旧	150 000
固定资产	500 000		
原材料	230 000		
生产成本	40 000		
周转材料	5 000		

说明事项：

1）应收账款其中有一明细账为贷方余额 3 000 元，另有一明细账为借方余额 29 000 元；

2）应付账款其中有一明细账为借方余额 2 000，另有一明细账为贷方余额 34 000 元；

3）长期借款中有一金额为 30 000 元的长期借款将在 6 月底到期。

要求：

根据上述资料计算以下资产负债表中的有关项目。（列出计算过程）

1. 货币资金＝
2. 预付款项＝
3. 应收账款＝
4. 固定资产＝
5. 应付账款＝
6. 预收款项＝
7. 长期借款＝
8. 存货＝

练习 12-3

一、单项选择题

( ) 1. 反映企业在一定会计期间经营成果的报表是_____。
  A. 资产负债表 B. 利润表 C. 利润分配表 D. 现金流量表

( ) 2. 利润表中以下各项,只需根据有关科目的借方发生额填列的项目是_____。
  A. 营业税金及附加   B. 营业收入
  C. 营业利润   D. 营业成本

二、多项选择题

( ) 1. 以下各项中,影响利润总额的是_____。
  A. 营业利润 B. 营业外收入 C. 所得税费用 D. 管理费用

( ) 2. 以下各项中,影响营业利润的是_____。
  A. 管理费用 B. 营业收入 C. 营业外支出 D. 投资收益

三、判断题

( ) 1. 利润表是反映企业在一定会计期间财务状况的报表。

( ) 2. 我国企业利润表是单步式的利润表。

( ) 3. 利润表编制的理论依据是"资产=负债+所有者权益"。

四、计算分析题

甲企业 6 月 25 日损益类账户的余额如下:

账户	贷方余额(元)	账户	借方余额(元)
主营业务收入	3 000 000	主营业务成本	2 000 000
其他业务收入	500 000	其他业务成本	300 000
投资收益	100 000	营业税金及附加	300 000
营业外收入	50 000	营业外支出	20 000
		管理费用	40 000
		财务费用	10 000
		销售费用	60 000

接着在 6 月 26 日至 6 月 30 日又发生以下业务:

(1) 销售原材料一批,增值税专用发票上注明货款 20 000 元,增值税额 3 200 元,款项已收存入银行。另该批原材料成本 15 000 元,进行转账;

(2) 摊销无形资产 400 元;

(3) 计提本月短期借款利息 1 000 元;

(4) 发生业务招待费 500 元,以支票支付;

(5) 由于违法经营,被处罚金 3 000 元,以支票支付。

要求:

(1) 根据以上业务编制有关的会计分录;

会计分录用纸(代记账凭证)

日期	凭证号数	摘要	会计科目及子细目	过账	借方金额	贷方金额

(2) 计算本月利润表中下列项目的金额。(用万元表示)

① 营业收入＝

② 营业成本＝

③ 管理费用＝

④ 财务费用＝

⑤ 营业利润＝

⑥ 利润总额＝

练习 12-4

一、多项选择题

（　　）1. 企业在进行利润分配时,可供利润分配的来源有_____。
  A. 本年净利润　　　　　　　　　　B. 年初未分配利润
  C. 盈余公积转入　　　　　　　　　D. 资本公积转入

（　　）2. 下列各项中,影响可供投资者分配的利润有_____。
  A. 提取法定盈余公积　　　　　　　B. 提取法定公益金
  C. 提取任意盈余公积　　　　　　　D. 盈余公积转入

二、判断题

（　　）1. 利润分配表是资产负债表的附表。

（　　）2. 利润分配表中"未分配利润"项目的本年实际应与资产负债表中"未分配利润"项目的年末数相等。

（　　）3. 利润分配表中"净利润"项目的本年实际应与利润表中"净利润"项目的本年累计数相等。

练习 12-5

判断题

（　　）1. 会计报表附注是对会计报表的补充说明,是财务会计报告的重要组成部分。

（　　）2. 企业生产经营的基本情况应在报表附注中加以披露。

（　　）3. 企业会计报表附注中应对重要会计政策和会计估计加以说明。

本章综合练习

一、思考题

简述现金流量的相关概念。（分组比赛看谁准备资料最充分）

二、单项选择题

（　　）1. 下列会计报表中,反映某一会计主体特定时点财务状况的报表是_____。
  A. 资产负债表　　B. 利润表　　C. 现金流量表　　D. 利润分配表

(   ) 2. 资产负债表的作用有_____。
   A．反映企业利润的形成
   B．反映企业利润的分配情况
   C．反映企业的资产总额及其来源
   D．反映企业的现金来源与运用情况

(   ) 3. 目前我国企业利润表的格式采用_____。
   A．账户式   B．直接式   C．单步式   D．多步式

(   ) 4. 我国企业资产负债表的格式采用_____。
   A．账户式   B．报告式   C．单步式   D．多步式

(   ) 5. 对利润分配表,下列说法正确的是_____。
   A．它是会计报表中的主表   B．它是资产负债表的附表
   C．它是利润表的附表   D．它可反映企业利润的形成情况

(   ) 6. 资产负债表中资产项目的排列顺序是_____。
   A．项目的重要性   B．项目的流动性
   C．项目的时间性   D．项目的收益性

(   ) 7. 下列资产负债表项目中,可根据相应的总分类账户期末余额直接填列的是_____。
   A．应收票据   B．应付账款   C．在建工程   D．长期借款

(   ) 8. 某企业应收账款所属明细账户借方余额合计 280 000 元,贷方余额合计 73 000元;"坏账准备"账户贷方余额 1 000 元,则资产负债表中"应收账款"项目的金额为_____元。
   A．352 000   B．207 000   C．279 000   D．206 000

(   ) 9. 企业午末"预收账款"所属明细账户有借方余额 3 000 元、贷方余额 10 000 元,则年末资产负债表中"预收款项"项目的金额为_____元。
   A．3 000   B．7 000   C．10 000   D．13 000

(   ) 10. 期末,"预付账款"所属明细账户如果出现贷方余额编制资产负债表时应将其填列的项目是_____。
   A．预付款项   B．预收款项   C．应付账款   D．应收账款

三、多项选择题

(   ) 1. 会计报表按编制主体可分为_____。
   A．外部报表   B．内部报表
   C．个别会计报表   D．合并会计报表

(   ) 2. 资产负债表中"应付账款"项目的金额可能包括_____。
   A．"应付账款"所属明细账户的期末贷方余额
   B．"预付账款"所属明细账户的期末贷方余额
   C．"预收账款"所属明细账户的期末借方余额
   D．"应收账款"所属明细账户的期末借方余额
   E．"应收账款"所属明细账户的期末贷方余额

（   ）3. 资产负债表中的"存货"项目反映的内容包括＿＿＿＿＿。
  A．在途物资　　　　　　　　　　B．分期收款发出商品
  C．周转材料　　　　　　　　　　D．生产成本

（   ）4. 下列各项属于资产负债表中"货币资金"项目内容的是＿＿＿＿＿。
  A．备用金　　　　　　　　　　　B．库存现金
  C．银行存款　　　　　　　　　　D．其他货币资金

（   ）5. 利润表的作用包括＿＿＿＿＿。
  A．能反映企业收入、费用及净利润的实现及构成情况
  B．能反映企业的资产总额及其来源情况
  C．可分析企业的获利能力及利润的未来发展趋势
  D．可反映企业支付能力及偿债能力
  E．能反映企业的现金流量

（   ）6. 下列各项中，不能直接根据总分类账户的期末余额填列的项目有＿＿＿＿＿。
  A．固定资产　　B．应收票据　　C．应收账款　　D．短期借款

四、判断题

（   ）1. 资产负债表的编制是按"资产＝负债＋所有者权益"的平衡关系为原理编制而成的。

（   ）2. 资产负债表内项目是按流动性的大小排列的。

（   ）3. 利润分配表基本上是按"利润分配"账户及其所属明细账的发生额分析填列的。

（   ）4. 利润表是反映企业某一特定日期财务状况的报表。

五、计算分析题

1. B公司2016年12月31日有关账户的余额如下（单位：元）：

账户名称	借方余额	贷方余额
库存现金	1 000	
银行存款	80 000	
其他货币资金	32 000	
应收账款——E公司	65 000	
——D公司		20 000
坏账准备		350
库存商品	10 000	
在途物资	7 000	
材料成本差异		20 000
委托代销商品	30 000	
周转材料	5 000	

要求：

根据以上资料计算年末资产负债表中下列项目的金额。（列出计算过程）
(1) 货币资金   (2) 应收账款
(3) 存货   (4) 预收款项

2. A公司2016年度损益类账户的本年累计发生额如下：

账户名称	结账前累计净发生额(万元)	
	借方	贷方
主营业务收入		200
主营业务成本	120	
营业税金及附加	7	
销售费用	9	
管理费用	5	
财务费用	3	
其他业务收入		20
其他业务成本	10	
投资收益		25
营业外支出	0.5	
所得税费用	20	

要求：

分别计算该公司全年的营业利润、利润总额和净利润。